截拳道入门

舒拥军 著

图书在版编目（CIP）数据

截拳道入门/舒拥军著. —北京：华夏出版社，2016.5
ISBN 978 - 7 - 5080 - 8751 - 1

Ⅰ. ①截… Ⅱ. ①舒… Ⅲ. ①截拳道 - 基本知识 Ⅳ. ①G886.9

中国版本图书馆 CIP 数据核字（2016）第 035624 号

截拳道入门

著　　者	舒拥军
责任编辑	贾洪宝
封面设计	殷丽云
出版发行	华夏出版社
经　　销	新华书店
印　　装	三河市少明印务有限公司
版　　次	2016 年 5 月北京第 1 版　2016 年 5 月北京第 1 次印刷
开　　本	720×1030　1/16 开本
印　　张	10.75
字　　数	180 千字
定　　价	36.00 元

华夏出版社 社址：北京市东直门外香河园北里 4 号　邮编：100028
网址：www.hxph.com.cn　电话：010 - 64663331（转）
投稿合作：010 - 64672903；hxkwyd@ aliyun.com

若发现本版图书有印装质量问题，请与我社营销中心联系调换。

序言：初心如水

1996年，借湖南娄底"首届卧龙山全国截拳道夏令营"的教学机缘，我与拥军相识。从此，虽然我在湖南，他在安徽，远隔千里，但在截拳道之道的探索道路上，我们一路同行至今。

作为截拳道传人，拥军最难得的是身上没有一般武者的粗莽之气，反而拥有一种"禅者初心"般的心境和恬淡情怀——他似乎始终能将自己当作拳学新手，努力做一位截拳道的"永远的学习者"。多年来，他积极地阅读、参悟，积极地参加各种截拳道导师培训活动，一直紧跟时代，为自己充电，鞭策自己成长。同时，他在道馆教学过程中，颇能享受功夫哲艺之美，实现教学相长；又能在自然丰富的生活中，感悟拳学的要义，追求心灵的平和与宁静。拥军是一位出得厅堂、下得厨房的温暖的人，有着自己的事业追求、业余喜好和自给自足的美好生活。他有着自己的原则、信仰，不急功近利，能宠辱不惊，淡定安逸，一如宁国山水之间特有的气质。

如今，身为宁国截拳道馆馆长、"为道塾•截拳道教练会"资深教练的拥军，以他19年的截拳道修行经验和积淀，经反复多次修订，聘请专业人员拍摄技术图照，十分的认真和投入，为初学者精心撰写了这本截拳道入门专著，真是可喜可贺。

李小龙的截拳道在中国一直广为传播，并日益与国际接轨。这要感谢多年来李小龙的第一代、第二代弟子和国际导师们，他们勤勉地在国内开展振藩功夫或截拳道讲习；更要感谢国内有一批像拥军一样，得到国际、国内截拳道专业认证的坚定的学习者、传承者，打下了截拳道在中国有序传承、不断发展的坚实基础。怀抱敬畏之心，跨越了过往盲目标榜所谓

"自我截拳道"，以及不思继承、闭门造车、断章取义、瞎子摸象的熙熙攘攘，真正开始系统学习并深入探索李小龙原传截拳道的科学和哲学的奥义，已经成为当今中国截拳道发展的主流。青山遮不住，毕竟东流去。拥军正是助推截拳道迈入全新发展时代的不可或缺的推动者和见证者。

本书是截拳道的入门指南，可供初学者参照习练，也可供武术同行参考、借鉴。对于截拳道初学者而言，截拳道的基本理论和技术、战术和训练方法，正是必须重点学习、训练、掌握的最核心、最基础的内容。诚如李小龙宗师所言："在截拳道中，最基本、最简单的技术，就是最实用、最高深的技术。"因此，"一个人学习了多少新知识并不重要，重要的是他从所学的内容中吸收了多少有用的东西。最好的技术是得到正确运用的简单技术。格斗时，一定要强调这一点，学生们自己也会意识到，追寻越来越多的新技术是华而不实的。他们应该投入必要的时间，去练习简单技术的正确应用"。

截拳道初学者应找一个或多个同伴结为小组，以互帮互助的方式，参考本书进行研习。还应找一面立镜，在镜子前面练习。通过镜子，可以直观地看到自己的练习过程，审视自己的一举一动，以此来自我调整和规范动作。

初学者应该由慢到快、由易到难地进行练习。首先，要通过本书的技术图解和视频，对要练习的各节内容予以充分理解，在头脑里面先建立一个正确的动作形象和技术动态，在内心反复揣摩演练；第二，抓住最关键的动作环节，用慢动作一遍遍模仿练习，保证自己的动作正确规范——动作姿势和结构至少要接近书中的技术演示；第三，积极争取参加各种短期培训班，接受经过专业训练的师傅或教练的手把手指导，发现问题，纠正错误，深化认识和理解，提升练习效果。所谓"明师一点，胜过自学十年"，就是此理。

在练习中，必须学会放松，学会专注。练习时不要打打闹闹，这是自学者和初学者最容易出现的问题。你必须要让自己始终能够全神贯注地投入到练习中，专注的、有质量的训练，是保证训练成效的关键。每天有质量地练习一个小时，可以好过一些人"刻苦的"只求数量地蛮练一天。训练时还必须时时注意自己的动作是否规范，是否正确，这个也是关键所在。一万次错误练习，建立的是错误的动力定型，未来即使想改也很困难，因为重复的错误练习，会让你的神经纤维和肌肉之间形成固定的反射回路，或者说肌肉记忆，养成难以改变的坏习惯。所以，传统武术家常常说，学拳容易改拳难。作为自学者和初学者，尤其要注意这个问题，宁可少练、慢练，也不可蛮练、错练。

　　初心如水。不管练到哪个层次，都需要记住自己开始学习截拳道时的那颗初心，在修行中要时刻保持住自己的初心。它能让截拳道者时刻保持心灵的流动、觉察，时刻准备着学习、适应、接纳和宽容，在修行之路上时刻保持新鲜、活力与精进。

　　一颗纯真不改的初心，能够让你始终朝着自己的目标坚定地前行。

　　不忘初心，方得始终——谨以此与读者诸君共勉！

朱建华
2016 年 3 月
于长沙岳麓山能量谷

前言：自我的天才

在旅行的列车上，在繁星散落的夜晚，在梦醒时分的刹那，人生的每一次独处都让我更深入地认识自己。就像剧烈运动时听见的心跳声，我在一段段的回忆与展望中做出选择，选择方向和途径，选择成为我自己。

在成为自己的道路上，知识给了我动力，而运动教给我勇敢和冷静。运动不是人们饭后的闲庭信步，也不是一时兴起的激情追逐，更不是机械的重复锻炼，运动是一种生活方式，是对自我的不懈挑战，是一种朝向生命真谛追寻的坦荡大道。

精神上的信念固然让人坚强，却不如身体上的自信来得更为直截了当。当我第一次接触截拳道时，挥拳、踢腿、格挡、反击，在一次次的学习和训练中，我认识了不一样的自我。每经历一次挥汗如雨、拼尽全力的锻炼，我的内心就会比之前增添一分安定；每尝试一个新动作，认识一个新理念，我的勇气就增加一分旺盛。而当招式更加得心应手、力量更加强大时，我对自己的了解就多了一分深入……

人们在不了解自己时是最糟糕的。人总是基于自己的经历和经验为未来做规划，却在无形之中变成了自己经历和经验的傀儡，那些曾经成就我们的东西，最终会变成我们的枷锁，最后束缚住我们。所幸，李小龙没有成为这样的人。李小龙研习过咏春拳、拳击、柔道、击剑等众多武术，在这些纷繁的武学流派中，他化繁为简，把武术从条条框框的限制中剥离开来，回归到技击格斗的本质属性，并以古老的道家哲学和禅宗思想为核心指导理念，最终创立了截拳道。最直接的进攻和防守、最短的距离、最快的速度，使截拳道成为最具实用性的武术之一。这是武术思想发展的成熟境界，也是李小龙作为一个习武人自我意识的伟大觉醒。

学习知识的目的不是为了应付考试，修炼功夫的目的也不仅仅是熟稔攻防，而在于这种身体和精神上的双重修行最终会影响我们思想和生活的方式，让我们自内而外地透显出清醒和自信。在功夫的习练中，一拳一腿的磨砺，可渐消心中之棱角，使习练者臻于平常心境，最终回归本我，寻回遗失在凡尘间本有的宁静与和谐。

是的，李小龙已经离开我们很多年了，然而，他对于生命的理解、对于自我的认识和他所创立的截拳道，一起传承了下来。

终会有一天，他也会像其他英雄人物一样慢慢淡出人们的记忆，但是，只要有人活着，就会去领悟自我、发现自我、表达自我，就像曾经的李小龙那样，成为自我的天才。

舒拥军
2016年3月
于皖南宁国山城

目 录

第一章 概 述 ………………………………………………………… 1
　第一节 李小龙武术发展简史 ……………………………………… 1
　第二节 截拳道不可任意添加 ……………………………………… 3

第二章 振藩礼 ………………………………………………………… 5

第三章 警戒式 ………………………………………………………… 7

第四章 步 法 ………………………………………………………… 13

第五章 拳 法 ………………………………………………………… 27
　第一节 基本技术 …………………………………………………… 27
　第二节 拳法的辅助训练 …………………………………………… 56

第六章 腿 法 ………………………………………………………… 62
　第一节 基本技术 …………………………………………………… 62
　第二节 腿法的辅助训练 …………………………………………… 88

第七章 防 御 ………………………………………………………… 91
　第一节 基本技术 …………………………………………………… 91
　第二节 防御的辅助训练 …………………………………………… 102

第八章 攻 击 ………………………………………………………… 104

第九章 街头格斗 ……………………………………………………… 120
　第一节 什么是街头格斗 …………………………………………… 120
　第二节 击打目标的选择 …………………………………………… 121
　第三节 街头格斗的一些战例 ……………………………………… 123

第十章 力量训练 ……………………………………………………… 149

后 记 …………………………………………………………………… 159

第一章 概 述

第一节 李小龙武术发展简史

一、初学咏春拳

1940年出生的李小龙，幼年争强好斗，经常与一众小兄弟街斗滋事。一次，因以寡敌众落败而萌生习武念头。

1954年（有说1953年），在好友张卓庆的介绍下，拜入一代咏春拳宗师叶问门下，开始练习咏春拳。

习拳初始，由师兄黄淳樑代师教授。叶问宗师鼓励讲手，黄淳樑亦是一好战之人，素有"讲手王"之称，练拳之余经常带着武馆一班师兄弟外出同其他门派切磋武艺。这种"走现实路"的求真务实的练拳态度，对李小龙影响极大，也为李小龙打下了良好的街头实战基础，积累了相当的实战经验。

在练习咏春拳期间，李小龙还参加了圣·乔治书院主办的全港校际西洋拳赛，并取得冠军。

二、创建截拳道的起因

1959年，李小龙独自一人远赴美国闯世界。为了赚取生活费，李小龙开始在学校教授恰恰舞，后来发现西方人对中国功夫更感兴趣，遂改为教授咏春拳。在教授学生武艺的同时，聪明的李小龙也从一些擅长其他武艺的学生身上汲取长处，并对自己所掌握的咏春拳开始着手改良。李小龙这一阶段的武艺我们称之为振藩功夫，或"李氏改良咏春拳"。

到1964年，李小龙由于坚持在唐人街教授一些外国人学习中国功夫而受到了保守的传统武术家黄泽民的挑战，经过一番辛苦的打斗，李小龙击败了挑战者。事后，善于调查研究的李小龙对自己在这场打斗中的表现很不满意。他感觉应该更快地击败对手，但咏春拳的局限性使他无法发挥，这促使他对自己掌握的传统武学体系进行了颠覆性的、中西合璧式的武道化、科学化改革。

三、新的体系

经过改革后，李小龙的武学体系发生了蜕变，并逐渐超越了咏春拳的框架，最终形成了一个全新的武学体系——截拳道。

1965年，李小龙在给弟子严镜海的信中这样写道："我正在创立一种新的武术，主要是融合咏春、西洋击剑和拳击而成。当充分完成时，我会把它有系统地整理下来。"

1967年7月，李小龙正式将这个新的武学体系命名为"截拳道"，并在同年10月至11月《黑带》杂志的专访中正式对外公布这个名称。

相对而言，在早期的截拳道中，咏春拳的影响还占有较大比重，这一点我们可从《李小龙技击法》一书中有所管窥。

1969年以后，李小龙开始更多地借鉴西洋击剑和拳击，对咏春拳成分大加删减，余下的只是理念的演绎。从李小龙后期著名弟子黄锦铭师傅传承的李小龙武术体系中可以看出，最后阶段的李小龙武术体系与其之前的振藩功夫体系有着天壤之别。尽管如此，李小龙对于无限制自卫格斗的根本目标追求，还是一脉相承，从无更改。

四、截拳道释名与定义

截拳道从字面上可以简单地解释为：截，即拦截、截击；拳，则指拳头或拳法；道，即终极的原则或路径，总体而言即"截击对方拳法之道"。其技战术以"精简、直接、非传统性"三原则为基础，修炼过程是日日精简而非日趋复杂。正如塑造雕像，是一个逐渐剔除多余、发现和展露本质的过程。因此，截拳道的武学理论系统科学，技战术实践体系的核心结构高度简化，紧贴实战需要，没有任何人为虚饰的套路或固定招法。

与擂台格斗技不同，截拳道是非体育化、非竞技化的武道，不适合表演，只专注于真实的街头遭遇战的自卫应用，强调在不同格斗环境和对不同风格对手的适应能力以及自我直觉格斗能力的培养，以简单直接的本能反应和干净利落的技术动作速战速决是其本质特征。在国际武术界，截拳道以其独特的高度实用性和科学性，被称为"科学的街头格斗术"。

第二节　截拳道不可任意添加

李小龙门徒杰瑞·泡梯特获得过肯波空手道的黑带，有一次他问李小龙，在教授肯波空手道时可否结合截拳道的一些原则和技巧，李小龙给他回了一封这样的信：

- X是截拳道；
- Y是你要传授的另一种武技；
- 为了代表与传授Y，就必须按照Y的道理反复训练弟子；
- 对于任何有资格及授权可传授X的人来说也应持相同的态度；
- 将X与Y进行混合基本上就是摒弃Y——但仍然将这种武技称之为Y；
- 一位人格高尚的人，应忠于他所选择的道路；
- 玫瑰花园只会生长玫瑰，紫罗兰花园也只会长出紫罗兰。

截拳道可以不断添加或混合修习吗？从这封信中，我们可以清楚地了解宗师的态度——截拳道就是截拳道，其他武术是其他武术。截拳道绝不是简单混合的武术组合体，有资格代表和教授截拳道的人，必须严格按照截拳道的道理反复训练弟子。如果在截拳道中混合了其他武技，那么，这种混合武技就不再是截拳道，而是变成了"另一种武技"。一个人如果选择了以截拳道作为自己以武入道的修行法门，就必须忠实于自己的选择，从而站在巨人的肩膀上，纯粹精炼，一门深入，经由学规则、守规则、化规则三阶段，次第进阶，最终超越截拳道，达到自我精简、直接、非传统的如水表达的境界。

事实上，自1967年以来，截拳道就以"传承有序、拳理明晰，风格独特、自成体系"的特征获得了世界武坛的公认和肯定。李小龙亲传弟子、国际截拳道导师李恺师傅指出："截拳道并非一种单纯的格斗技，它包含了李小龙生前所学习、研究和讲授过的全面格斗系统与哲学理念。截拳道的精要所在，就是李小龙毕生所涉及的武学理论、格斗技术、训练方法、思维方式以及内在精神，这五项缺一不可。"针对截拳道是否可以不断添加或混合修习的问题，李恺师傅与他的师父李小龙一样，态度鲜明："教授截拳道，就应该是教授李小龙的最基本的东西，从这方面去继续发展，遵循它的原理，而绝对不是从这里拿一点、那里拿一点，混合在一起叫截拳道。"

第二章　振藩礼

中国功夫讲求"习武之人应修德",强调习武之人应注重自身品德素质的修炼,而武德的基本表现形式之一,就是武术礼仪,故习拳者必先学礼。

自小就受中国文化熏陶的李小龙正是因为认识到了这一点,才在其创建的"振藩国术馆"内,规定第一课就是教礼节,即"振藩礼"。

在截拳道中,振藩礼具有双重含义:其一,礼节以"敬"为本,其用即以"和"为贵;其二,在面对对手时,礼即戒备,行礼表达尊重时,还需要保持武者应有的警戒之心。二者兼备,是为振藩礼。

1. 立正姿势站立(图1);
2. 双手成掌,掌心向下,左掌压盖于右掌背上,双手向前延伸,上体略弯曲(图2);
3. 上体右转,右掌成拳下落于腰侧,左掌压盖在右拳面上,右脚向前迈出一小步,脚尖外撇(图3);
4. 上体左转,面向正前方,双手成传统的抱拳礼向身体正前方推出,高与肩平,眼视前方,与此同时,左脚向前迈出一步,足尖点地,成左虚步(图4);

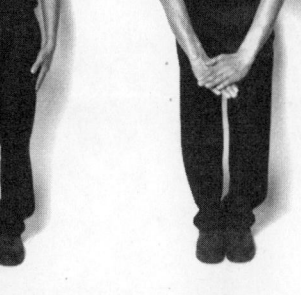

图1　　图2

图3　　图4

5. 敬礼之后，左脚向右脚内侧后退一步，同时双手手背相靠，双掌由身体内侧向上、再向外翻出，右脚后退一步与左脚并齐，双掌成拳，拳心向上，收于胸前，再经胸前下放于身体两侧，恢复立正姿势（图5—8）。

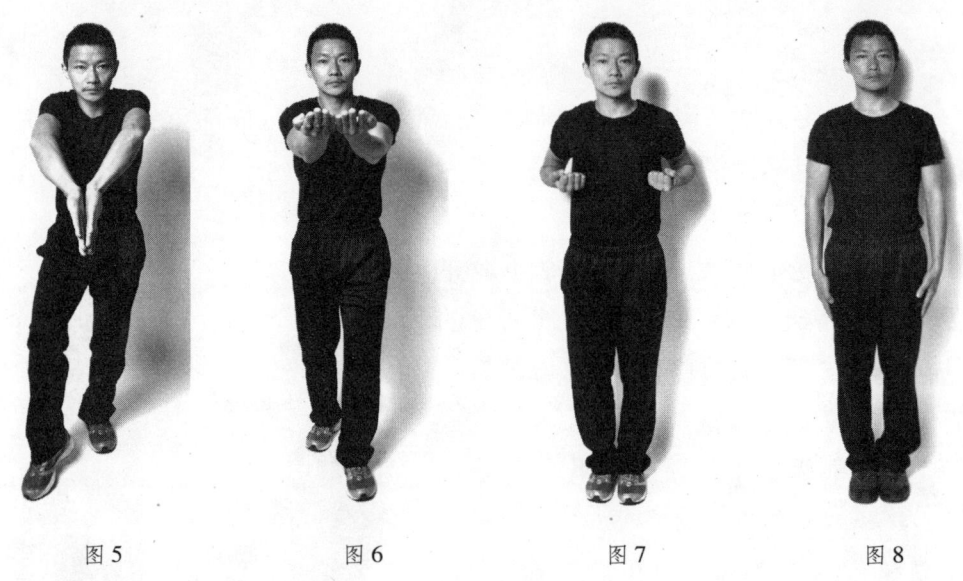

图5　　　　　　图6　　　　　　图7　　　　　　图8

第三章　警戒式

在截拳道中，截拳道者对敌的基本格斗姿势，早期沿袭传统武术名称，称之为"摆桩"，后期受西洋剑影响，又称之为"警戒式"。这一实战姿势，无论是进攻、反击或防御，都不需要事先做任何调整动作。

我们知道，截拳道是一门强调街头自卫的格斗术，与一般体育化武术的一个最大区别就是对敌姿势的构建。真实的街斗最忌缠斗，你花费时间越久，不可预知的潜在危险性也就越大，所以，"速战速决"是截拳道重要的根本原则。为此，李小龙借鉴了西洋击剑的强侧置前和拳击的侧身对敌姿势的原理，创建了独具一格的有利于快速截击的截拳道警戒式。

运用警戒式，首要的一个原则即"强侧置前"，即把我们最灵活有力的一侧的手脚置于对敌的前线，其目的就是为了缩短打击距离，使前手、前脚的攻击在快速、没有预兆的前提下更容易击中目标；同时，在充分借助腰马力量、位移及地面反作用力的情况下，充分发挥出前手、前脚的攻击威力（有些人臆测截拳道的警戒式之所以"强侧置前"，是因为李小龙右腿比左腿短一些，或眼睛近视的缘故，都属以讹传讹）。

做警戒式时，标准的动作要求是双脚前后分开与肩同宽或略宽于肩，身体重心置于两腿之间，即双腿各分担50%的体重（李小龙的弟子李恺师傅则指出，在实际运用时，警戒式两腿之间的重心分配其实是动态的，经常在前腿49%或51%、后腿51%或49%之间微妙地涌动转换，以保持动态平衡与一触即发的机动性。图9为李小龙早期振藩功夫摆桩的动作演示，与截拳道警戒式差异较大，主要是咏春风格，这个动作的重心分配大致为前腿35%、后腿65%）。

图9

截拳道警戒式图解：

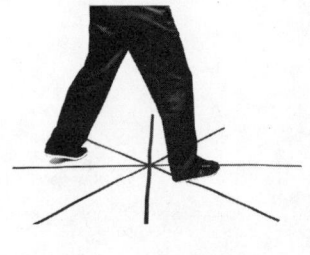

图 10

双膝微屈，前足尖与后足弓保持在一直线位置，且前足与此直线成约 20—30 度角，后足与之成约 45 度角，后足跟略抬离地面，保持弹性力，成一拱形支撑，以利于快速移动（图 10）。图 11—12，分别为截拳道标准警戒式的正面和侧面演示。

图 11

图 12

截拳道强调科学，警戒式也充分遵循力学原理。例如，截拳道警戒式站姿，从前足尖到后足双脚站位所构成的支撑面就是一个很好的三角结构，如同一个等腰三角形（图 13）。我们知道，三角结构是宇宙中最稳定的结构，而类似三角结构，遍布警戒式各个环节，限于篇幅，在此不做展开论述。必须强调的是，无论任何时候，当我们在格斗中不断移步换形，攻防互动的时候，只要我们随时保持良好的警戒式，就能获得稳定而不失灵活的平衡性、攻守两便的机动性、简单直接的高效性。每一位截拳道者从一开始，就应

图 13

高度重视警戒式的规范学习和反复训练。其中之妙，功深自显。

下肢站位要正确构建，就像建高楼先要打好地基一样。在这个基础上，再来看看身体上肢的置放（图14）：

1. 目视前方，下颌略内收，舌向内卷，抵住上颚，这样既可预防在激烈格斗中，牙齿误咬舌头，又可增强呼吸的畅通，以保持良好的体力。

2. 肩膀始终保持放松状态，随着下巴微收，右肩略自然抬起，以保护右边下颌与脸颊，头可左右轻轻晃动，以免被敌人击中。

3. 双手握拳，右手在前，屈肘约90度，略低于肩；左手在后，屈肘略小于90度，左拳似贴非贴地护住脸部左侧。双手一前一后置放于身体中线上（以鼻尖为基准点，这一要求符合截拳道守中用中的格斗理念），双肘下垂以防护两肋。有时候，左手也可打开成掌，则更有利于快速防御和控制，起到后手主防的作用（图15）。练习者在日常训练中可分别体会二者的不同之处，自由采用，无须拘泥。

图14

图15

【注意】

1. 一个标准的警戒式应该是侧身对敌的，这样，我们在打斗中暴露于对手的就仅是一条线而非一个面，也就减小了容易被敌人攻击的目标而增强了自身的安全性。

2. 正确的警戒式完成后，身体向前的一面从前足足跟到前肩的端部应形成一条直线，这也是我们出拳发力的转轴和枢纽；前手的肘底向下，拳头如同端枪射击一样直接指向前方目标，保持随时瞄准、随时出击的机动性、直接性。

3. 截拳道是专注自卫的武道。但一个人在大街上遇到不利情况就马上摆出警戒式的做法，并不明智，这等于提醒对手提高警惕，你是练过的。更多的时候，街头自卫往往是突发的，所以，在截拳道的训练中，包括从日常生活中的各种姿势和状态转为自卫攻防的"无式之式"的训练（图16—21分别演示了从日常生活中的各种姿势和状态转为自卫的情况）。当然，从无式之式出发完成第一次本能攻防之后，需立即转换为攻防两便的警戒式，由此出发展开后续行动。

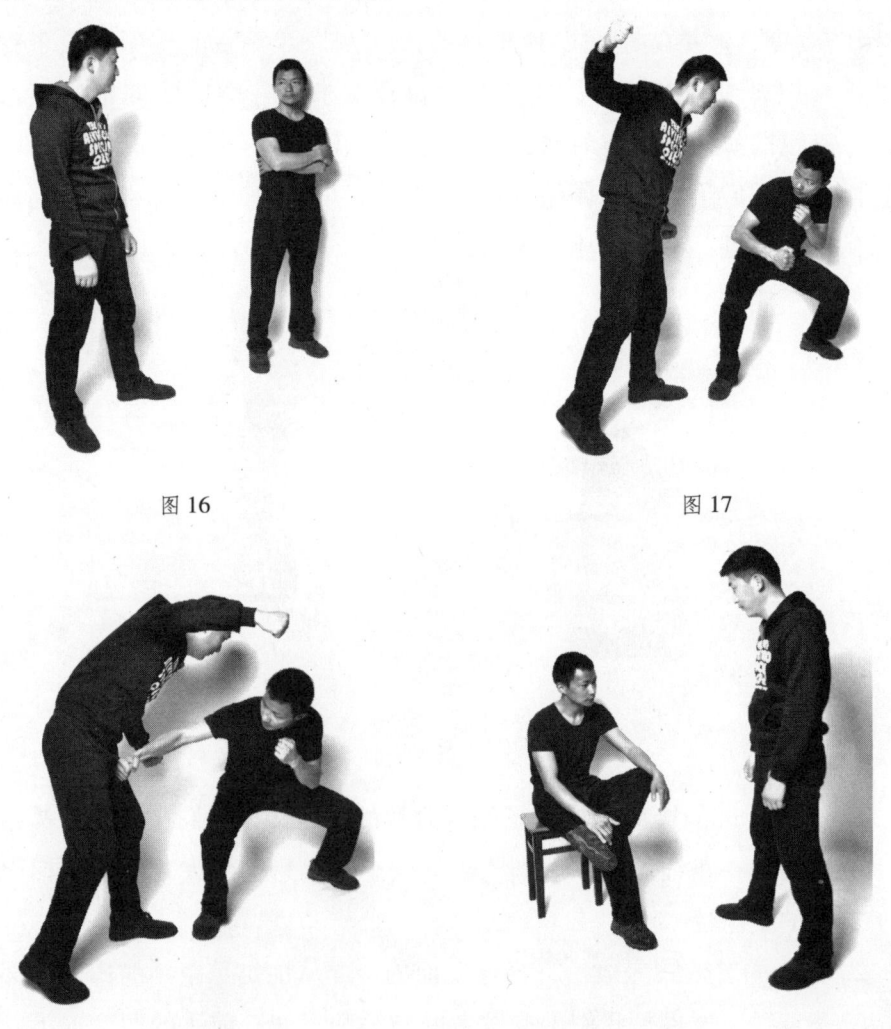

图 16　　　　　　　　　　图 17

图 18　　　　　　　　　　图 19

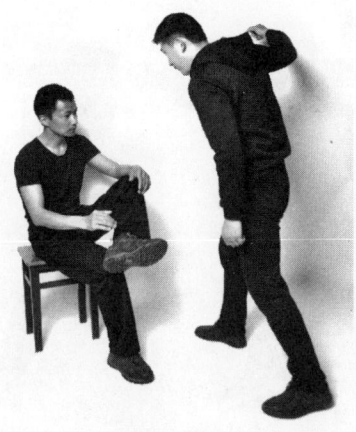

图20

图21

【训练方法】

1. 在掌握基本技术的前提下,从基本立正姿势转为警戒式的正确姿势并静站数秒,体会其中感觉,之后恢复到立正姿势。反复进行此项练习,做到规范、舒适、自然。

2. 面对镜子练习,观察自己的姿势是否完美并领悟动作内涵。

3. 在空旷的地方,以立正姿势站立,分别进行前、后、左、右四个方位的警戒式练习,此练习可增强截拳道者的实战意识。

4. 找一个训练伙伴,双方以警戒式对峙,进行直接由警戒式发起的攻击或防守的练习(图22—25)。

图22

图23

图24

图25

李小龙在他的武学笔记中曾说过这样一段话:"截拳道的核心是什么?答:摆桩(警戒式)、步法、机动性、守中用中、协调性及其他。"

由此可见警戒式的重要性。确实,作为截拳道攻击和防御等一切变化的基础,警戒式将贯穿于整个训练实践中,对于截拳道者切实掌握并应用截拳道技术,有着无可替代的重要性。学习截拳道,首先必须正确、熟练地运用截拳道警戒式。可惜的是,大多数截拳道初学者总是忽视这种最基础的技术,并试图跳过它直接进行一些"高深"的练习;或者在训练中,随随便便地摆出不规范的警戒式;或者在完成每一次攻或守之后,不能及时恢复到警戒式,等等。这些"忽视",最终会让他们在真正的实战中尝到苦果。毫无疑问,一个警戒式都做不好的修习者,将很难在截拳道方面取得高水平的发展。因为他们不知建屋先奠基的道理,总贪求更多或一些特别的技术,却不知真理、正道正蕴含在简单的动作中。

第四章 步 法

截拳道步法在实战中的重要性就在于能使练习者快速躲避敌人的攻击,以及快速地把握敌我双方间的距离而发起进攻。除此之外,若能有效地利用步法的惯性,还可以增强出拳、踢腿的击打力量。

截拳道步法有四个基本的移动方位,即:前进、后退、左右移动,其他步法都是在这四种基础上演变发展而来的。

一、前后滑步

这是截拳道中最基本的步法,也是一个截拳道练习者需要首先掌握的移动技巧。

这一动作由警戒式开始,重心稍前移,后足推动,前足轻盈地贴地滑进半步,后足随即借助前足移动的惯性跟进半步并恢复警戒式,此为前滑步(图26—28),图29—31为背视图。

图 26

图 27

图28　　　　　　　　　　图29

图30　　　　　　　　　　图31

　　接下来是后滑步，重心稍后移，前足推动，后足贴地先行向后滑半步，前足紧跟向后滑半步并恢复警戒式（图32—34）。

图32　　　　图33

图34

二、左右侧移步

与前后滑步不同的是,左右侧移步的运动轨迹是一个水平的横向位移。

其基本动作还是由警戒式开始,重心略向左移,右足推动,左足向左侧迈出约一步,右足随即向左侧跟进,并保持警戒式(图35—37)。

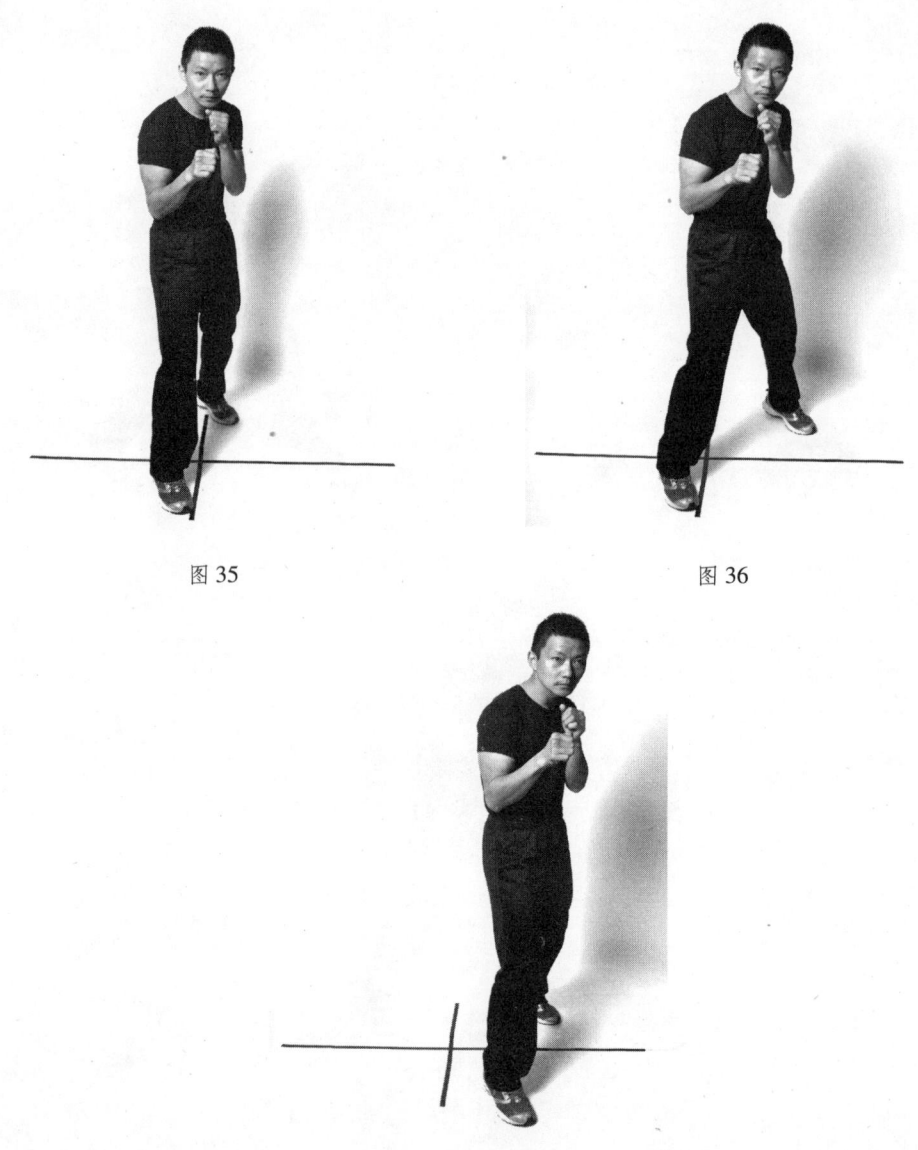

图 35　　　　　　　　图 36

图 37

　　右侧步与左侧步走相反方向，警戒式开始，重心略向右移，借助左足的推动力，右足向右侧迈出一步，左足随即跟进一步并恢复警戒式（图38—40）。

图 38   图 39

图 40

三、提膝步

经常练习此动作可以提高练习者的出腿速度，将此动作应用于实战中，还可以作为佯攻近身技巧，从而达到隐蔽安全的与敌接手，为后续攻击做好前奏的战术效果。

由警戒式开始，后足向前脚跟位置滑行，到位同时提前膝，前足前落并恢复警戒式（图41—43）。

图41

图42

图43

四、进退拖步

这一步法是快速拖步前进或快速拖步后退的移动技巧。

由警戒式开始动作，后足快速滑向前足，在后足接触到前足的瞬间，前足滑出并恢复警戒式（图44—46）。

第四章 步 法 19

图44

图45

图46

反之，前足向后足后撤，在前足触到后足的同时后足快速向后撤，保持警戒式（图47—49）。

图 47　　　图 48

图 49

五、钟摆步

这一动作的运动轨迹类似钟摆之摆动，故称钟摆步。

在实战中，面对敌人的直线踢击，截拳道练习者前足掌贴地后滑，重心亦随之移至前足，上身稍稍前倾，后足向后上弧线后摆，以避其攻势，趁敌收腿之际，后足顺势下落，踢出前脚，攻击敌人膝关节（图50—53）。

图 50

图 51

图 52

图 53

六、轴转步

在实战中，此步法可用于围绕敌人调整位置和角度，寻找或创造战机，亦可用于在闪避敌人攻击的同时，迅速绕至敌人侧面攻击范围之外，以利于反击（图 54—56）。

在与敌人的对峙中，截拳道练习者前足侧滑半步，同时以前足为轴，以身带腿，后足弧线向侧后轴转闪至敌人侧面，并发动凌厉的前手直拳击打其头面部（图 57—59）。

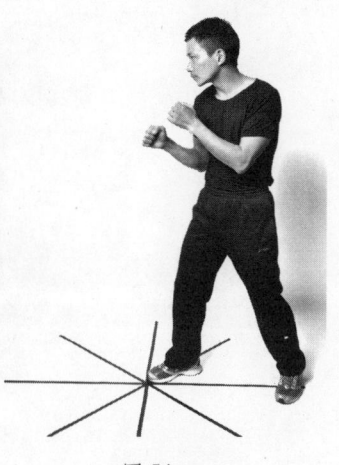

图 54

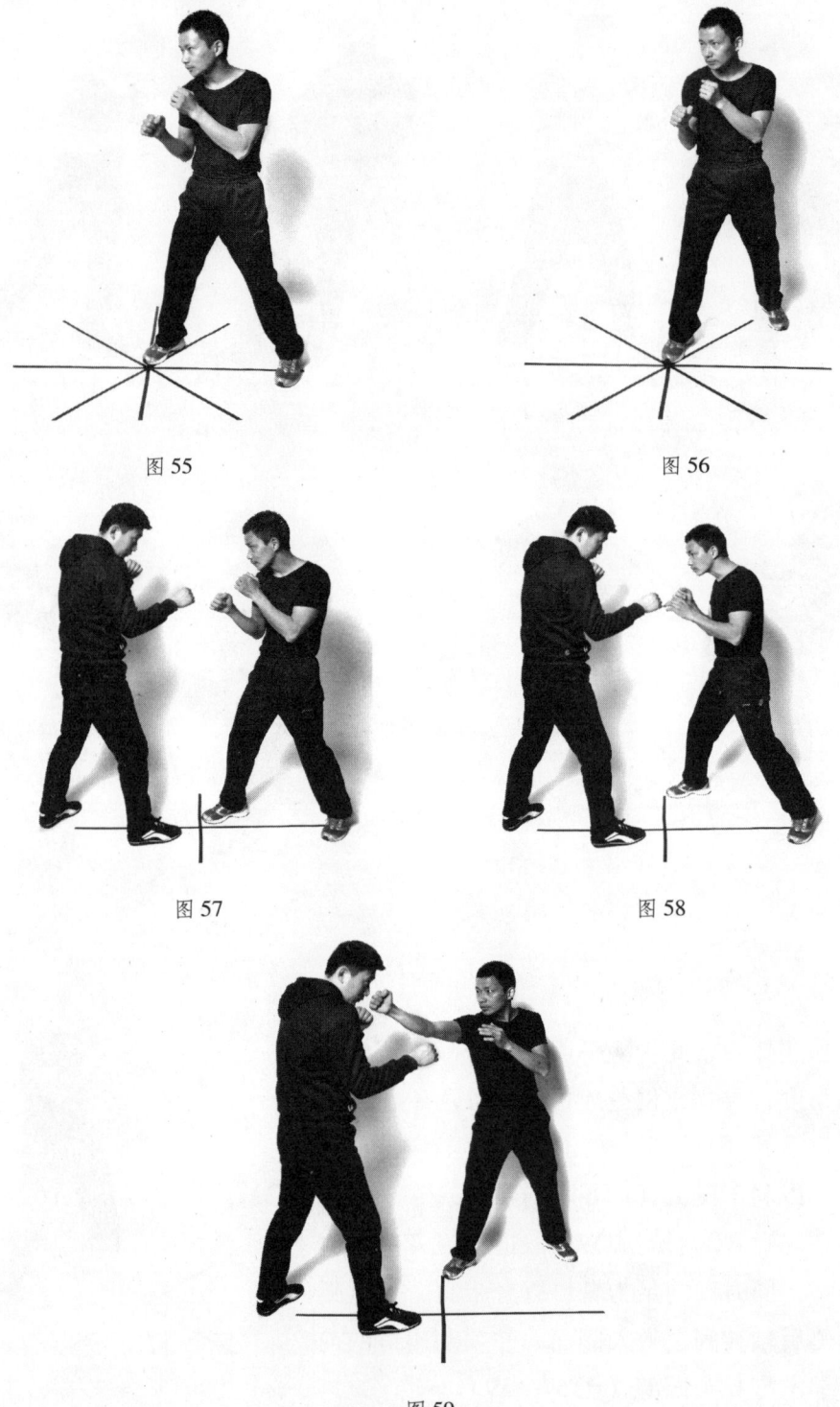

图 55

图 56

图 57

图 58

图 59

七、斜进步

此步法与前滑步之不同点在于,要变角度斜向滑进,是一种较为安全的趋进对方防御中线或外门,攻守皆有利于反击的近身步法。

由警戒式开始,重心稍前移,后足推动,前足向右侧斜前方滑半步,后足随即跟进并恢复警戒式(图60—62),图63—65演示的是向左方向的斜进步。这一步法大致有四个方向的斜向移动变化,如图66—71中演示的即为斜退步法。

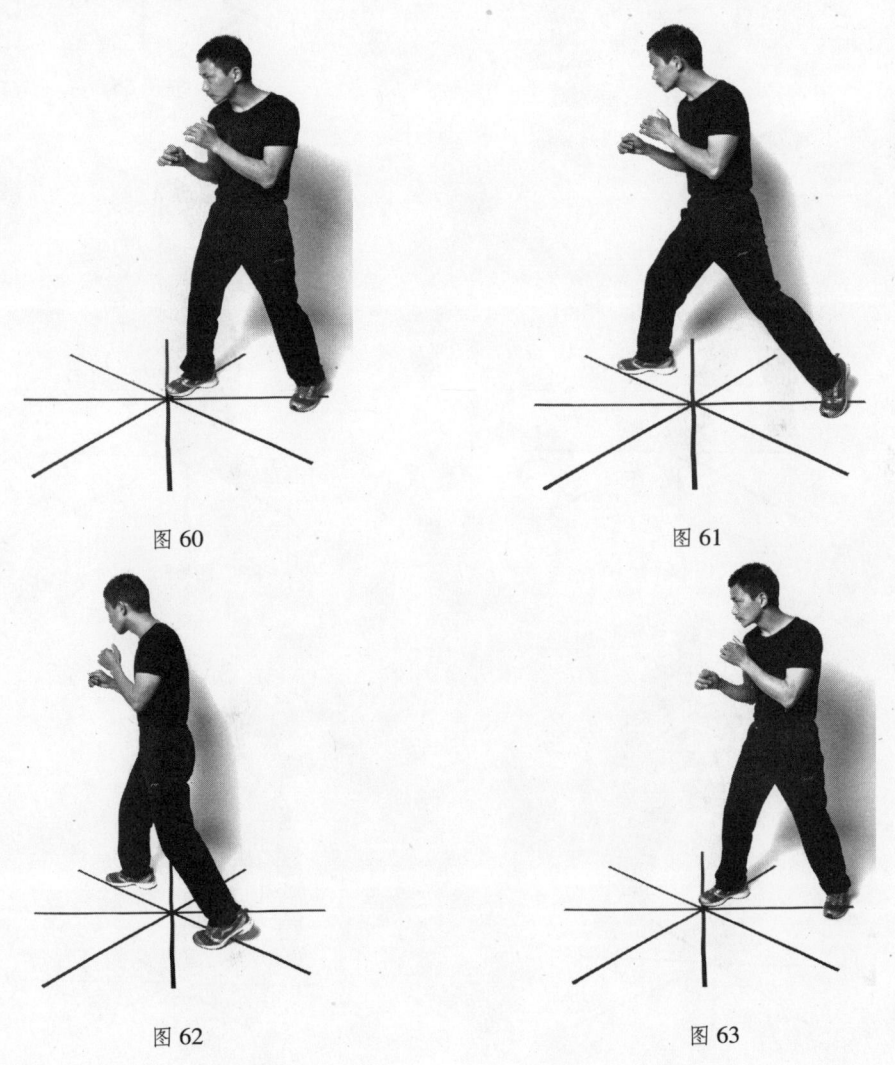

图60　　　　　　　　　　图61

图62　　　　　　　　　　图63

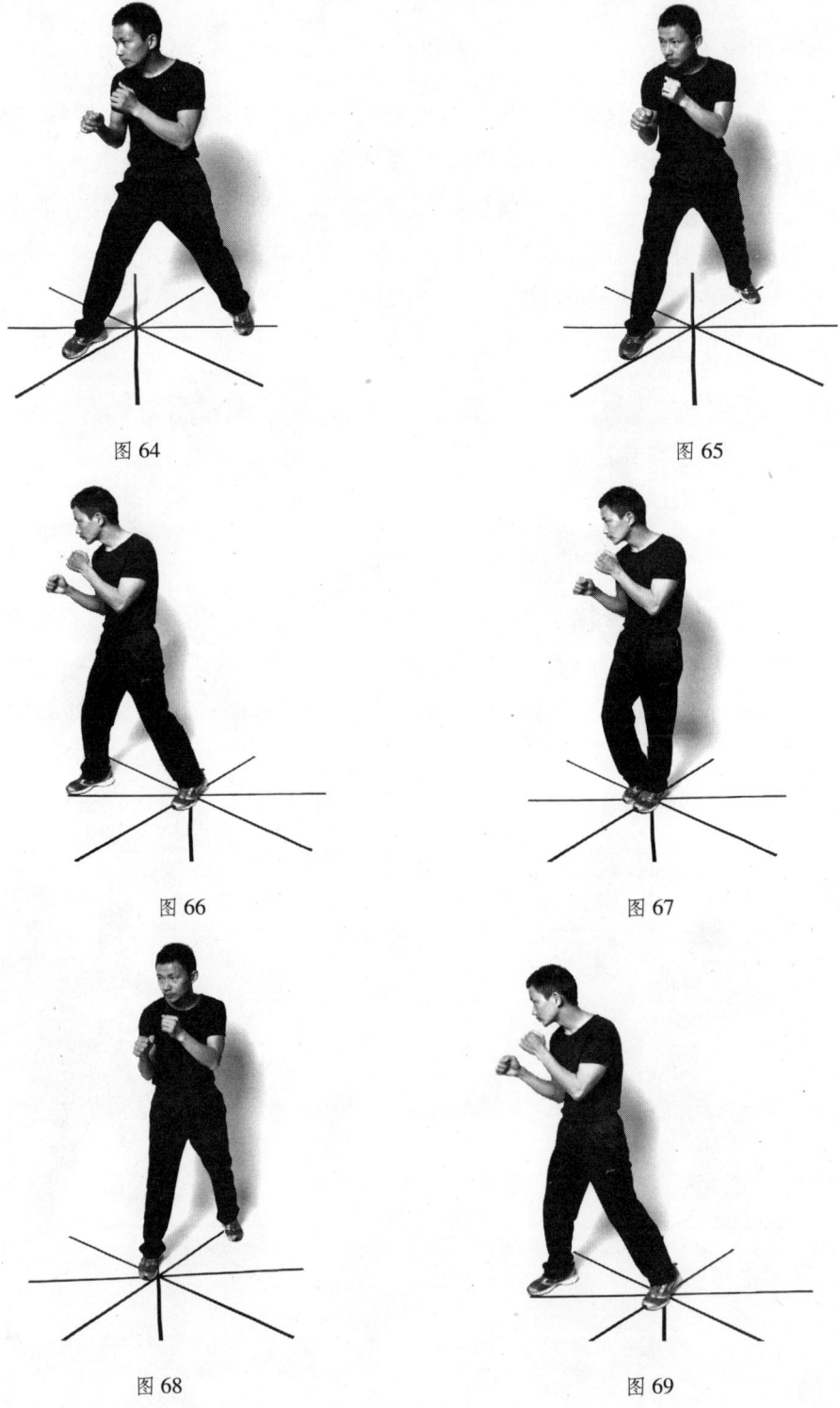

图 64　　　　　　　　　　图 65

图 66　　　　　　　　　　图 67

图 68　　　　　　　　　　图 69

图70

图71

【注意】

在截拳道中,所有的步法移动都需具有战术意义。盲目、胡乱移动,不仅消耗体力,而且容易暴露自身目标。比如,同为向后方向移动的"后滑步"与"后拖步",如对手拳法击打,我方可采取"后滑步"进行闪避(图72—73);而"后拖步"则适用于闪避对手的腿法踢击(图74—75),其中细节,需练习者用心体悟。

图72

图73

图74　　　　　　　　　　　　图75

【训练方法】

1. 单一的步法练习。任何技术都可以熟能生巧，对每一个单一的步法技术，反复进行规范的练习，可以让你掌握截拳道步法每一个技术动作的精要。在练习中，所有的动作应尽量做到精简、直接，切不可有多余的动作夹杂其中。

2. 跳绳练习。长期进行跳绳练习，可有效增强截拳道者的移动速度，这是一种最为简捷、经济的训练方法。

3. 击影练习。这是源自拳击运动的一种训练方法，练习中，可用任何步法配合手法或腿法进行全方位的假想对敌练习。

以上是三种最常用、最简单的训练方法，一个截拳道者若想在实战中有效地运用步法，请尽量开动脑筋，利用一切高效的训练方法进行训练，特别是与训练伙伴之间进行的步法对练，以培养良好的距离感和节奏感。经过一段时间的基本步法以及步法结合攻防技术的训练后，你会发现自己的实战水平会有一个飞跃性的提升。

第五章 拳 法

第一节 基本技术

在截拳道中,所谓拳法,是指在实战中用拳头进行格斗的技术或方法。在李小龙早期的武术体系中,拳法技术主要源于咏春功夫,且依传统功夫的命名方式称之为"捶"。在李小龙的早期笔记中,曾清晰地写着"右直冲、左直冲、铲捶、钩捶、挂捶"等字样。而到了后期,从传统武术中解放出来的截拳道,对于拳法技术的命名,除了直接来自传统技术的"挂捶"外,其余的统一称之为"拳"。

下面,我们介绍几种基本的截拳道骨干拳法。

一、直拳

截拳道的直拳,最初来自李小龙早期学习的咏春功夫体系——"日字冲捶"(图76)。后期,融合了击剑和拳击的技术原理,截拳道直拳拳头外型不变,但其内在的技术机理有了本质的进化,再配合警戒式和步法,长短高低,变化多端,成为截拳道攻击技术中核心中的核心,在实战中较之咏春日字冲捶更具隐蔽性、机动性和杀伤力(图77)。

图76

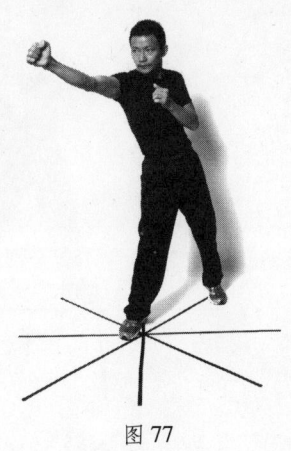

图77

在截拳道中，直拳包括前手直拳和后手直拳两种，它们又可根据击打位置的不同而细分为标准直拳和中位直拳两类基本技术。以对手中线上的要害如头面部、心窝、腹肋部等为主要攻击目标（图78—79）。

图78

图79

前手直拳

【标准技术】 由警戒式开始，以后脚为推动力，重心稍前移，拧腰送胯，催肩催肘，呼气发力，力达拳面下面三个指节，大臂带动小臂，与此同时，前手拳沿中线立拳领先直线出击（图80—82）。

图80

图81

图82

【实战应用】 双方以警戒式对峙，我方抓住战机，直接上步，一记前手直拳攻击对方头面部（图83—85）。

图83

图84

图85

后手直拳

【标准技术】 由警戒式开始，后腿快速蹬地，沿顺时针方向扭转腰部，将身体重心移至前脚，催肩催肘，呼气发力，力达拳面，后手拳面水平沿直线领先击出，与此同时，前手抽回保护面部（图86—88）。

为取得安全位置，加强攻击威力，截拳道者提倡在前脚向右横移一小步的同时打出后手直拳（图89—91）。

图86

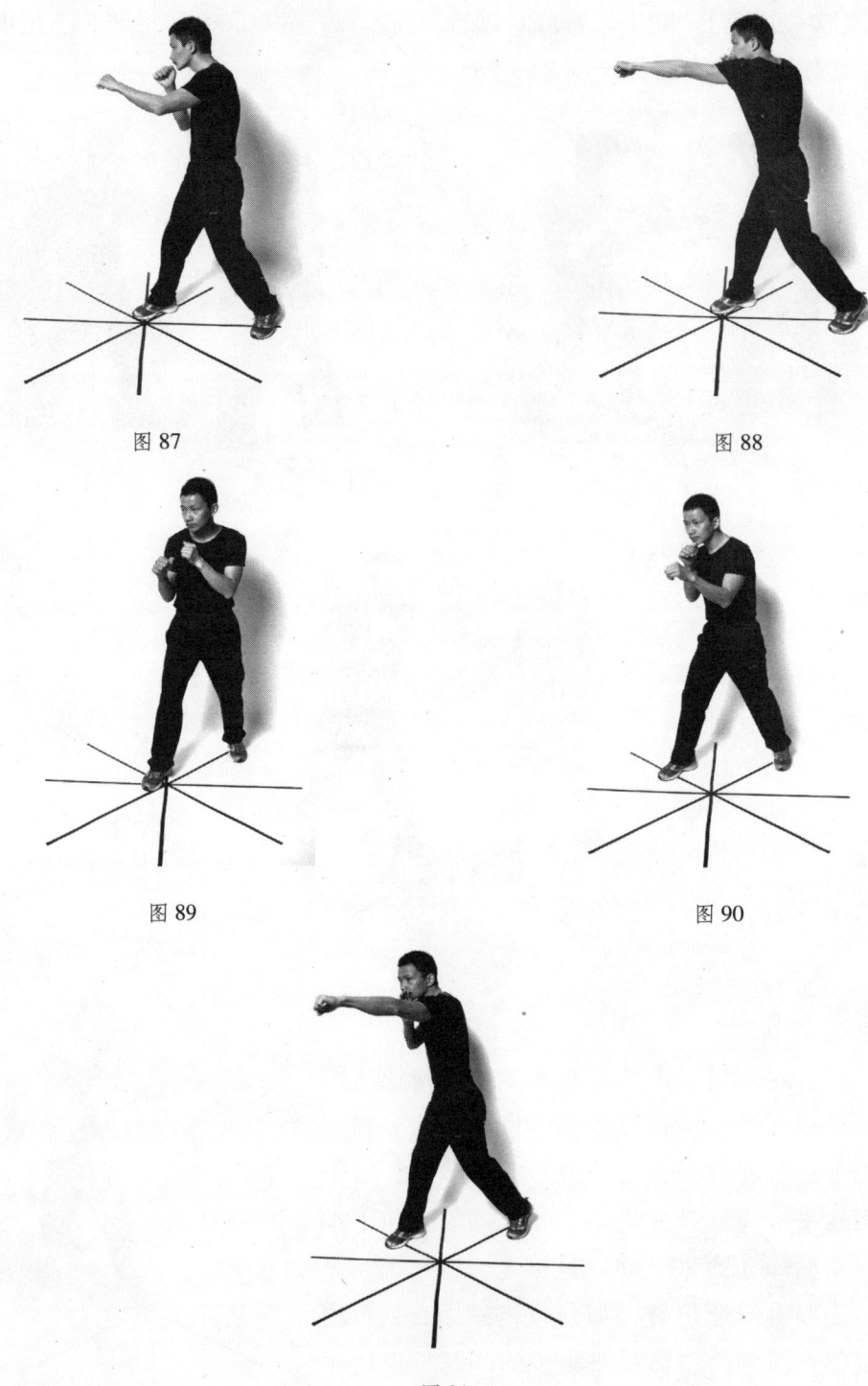

图 87 图 88

图 89 图 90

图 91

【实战应用】 双方以警戒式对峙，我方以假动作吸引对方的注意力，继而以后手直拳突然狠击对方的头面部（图92—94）。

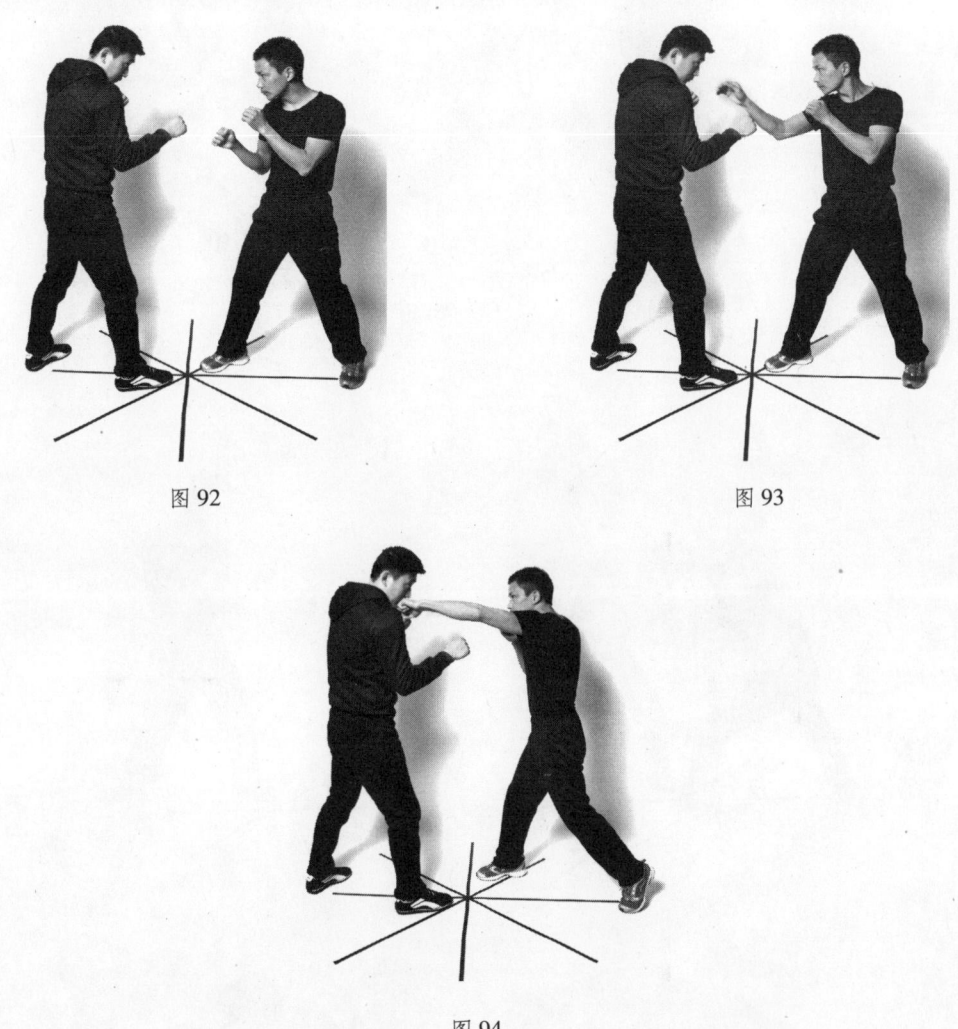

图92　　　　　　　　　　　　　图93

图94

图95—100所演示的是前手中位直拳和后手中位直拳的基本技术与击打方法。

图 95

图 96

图 97

图 98

图 99

图 100

在掌握了基本的技术动作后，我们还需要借助进一步的训练去磨炼这一技法。在截拳道中有很多训练方法都能有效地提高直拳的出击质量。图101—104 为手靶练习，其他的诸如击打墙靶和吊纸，还有手持小哑铃出拳（图 105—106）以及拳面俯卧撑等，都是不错的专项或一般辅助性的练习方法。

图 101　　　　　　　　　图 102

图 103　　　　　　　　　图 104

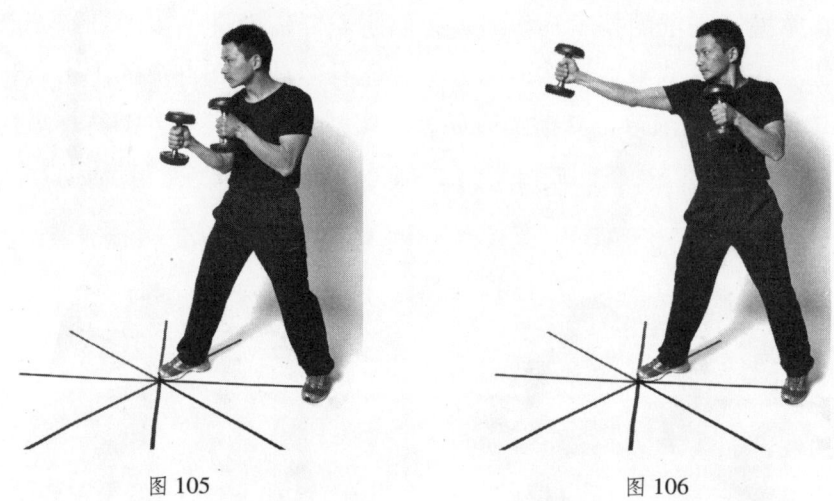

图 105　　　　　　　　　图 106

这里，再提供一种来自咏春拳的训练方法，这种方法若坚持练习，可提高截拳道者的"守中用中"、"肘底寸劲发力"和"短拳连环出击"的能力。做这一练习时，首先从咏春正身桩开始，双手保持在中线上，一拳从另一拳腕上以立拳出击，反复击打，注意肩部要保持不动，其发力源主要依靠肘底的推动力（图107—112）。

图 107　　　　　　　　　图 108

第五章 拳法　35

图 109

图 110

图 111

图 112

二、挂捶

挂捶，国内以前有人称作翻背拳或背拳。在拳击中，这种打法称为轴击，属犯规动作，而在致力于真实打斗的截拳道中属于主力拳法之一。实战中，主要以对手头面部和裆部为攻击目标（图113）。

挂捶虽不如直拳那样强劲有力，但亦可充分利用肘部为轴的抽击动作和手腕击

图 113

中目标刹那的弹抖发出速度极快且够劲的鞭击力,以其快如闪电、灵活巧变的特点,让人防不胜防。格斗中,若与擸手(擸手,截拳道封手攻击基本技巧之一,来源于咏春)结合使用,擸打同时,可以产生致命的冲击力——就像两辆迎面疾驶而来的汽车相撞一样(图114—115)。下面就以使用率较高的前手挂捶为例介绍一下。

图 114　　　　　　　　　　　　图 115

【标准技术】　由警戒式开始,以后脚为推动力,重心稍前移,肩顺势前送,以肘为轴,走最小弧线打出挂捶,力达拳背四根指关节(图116—118),图119—121为挂捶正面演示图。

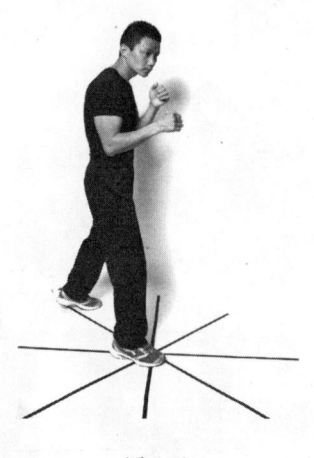 

图 116　　　　　　　　　　　　图 117

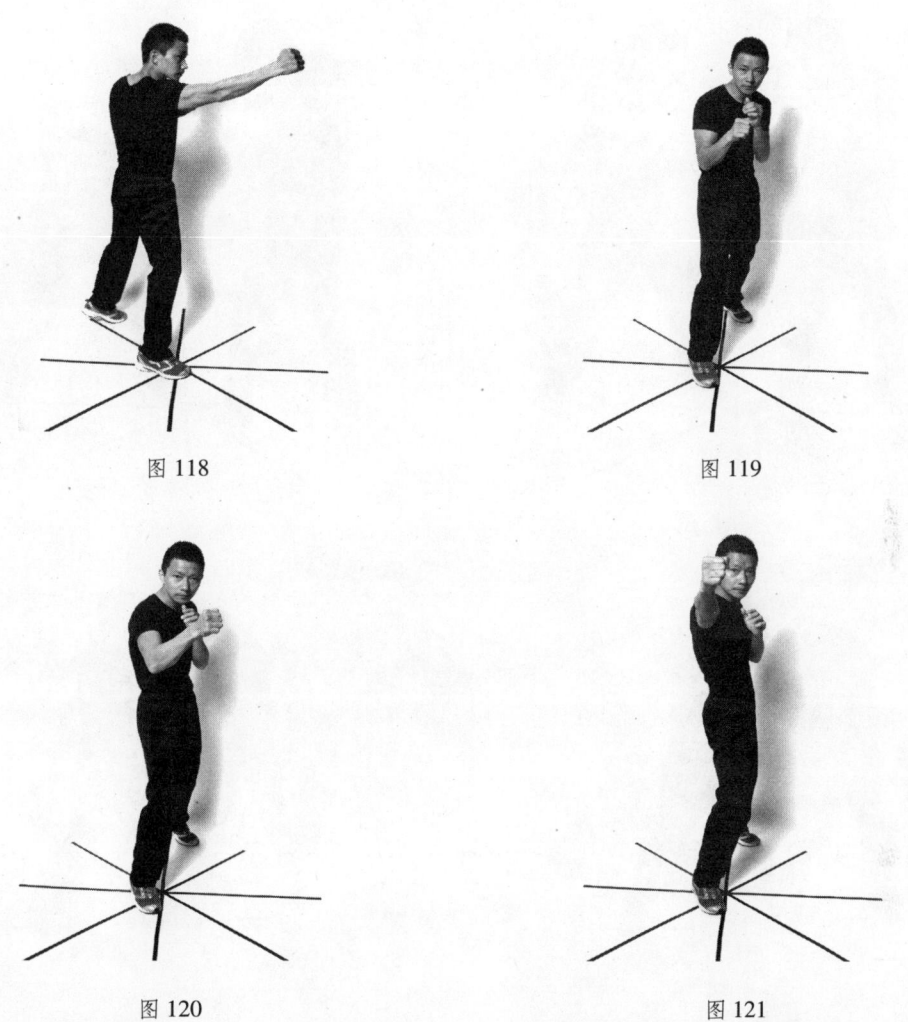

图 118　　　　　　　　　图 119

图 120　　　　　　　　　图 121

【实战应用】　双方以警戒式对峙，我方突发一记中位直拳击向对手腰腹部，诱其格挡，以打破其防御间架。在其露出头面部要害的瞬间，我方上步，以后手封住其手臂部，前手则同时以挂捶击向其头面部（图122—125）。

38　截拳道入门

图 122

图 123

图 124

图 125

在挂捶动作的实施中，需遵循截拳道的"精简、直接、非传统性"技击原则，不得有多余的动作，如手臂过度向后收等，要拳在哪里就从哪里出击。在图126—127中，两位练习者分别演示了由警戒式开始手臂出击动作的正误对比。

图 126

图 127

挂捶与截拳道的其他基本技巧一样，在掌握了基本的动作要领之后，就需借助一些训练工具进行磨炼，以提高技术的质量。在挂捶的训练中，最好的训练方法就是击打纸靶和手靶。在这里，截拳道者在助手的配合下分别演示了两种击打手靶的训练方法，图 128—129 为基本的单一技法击靶训练，图 130—131 则是结合防守反击技巧进行掳手挂捶击靶的训练，训练中要注意区分两种击靶训练法的不同。

图 128

图 129

图 130　　　　　　　　　　　　图 131

三、上勾拳

在截拳道中，上勾拳又称上击拳，是一种极具杀伤力的近战拳法，其基本技术有些类似于西洋拳击里的上勾拳。实战中，多用来打击对方下巴（图 132）或胸腹部（图 133）等要害部位。上勾拳前后手皆可施用。

图 132　　　　　　　　　　　　图 133

下面，让我们一起来学习上勾拳的基本技术：

前手上勾拳

【标准技术】 由警戒式开始，重心稍后移，前手大臂紧贴身体肋部，重心略下沉，前足跟踮起并以之为发力转轴，屈肘约90度，整体发力向上击出（图134—136），图137为前手上勾拳正面视图，图138为前手上勾拳背面视图。

图134

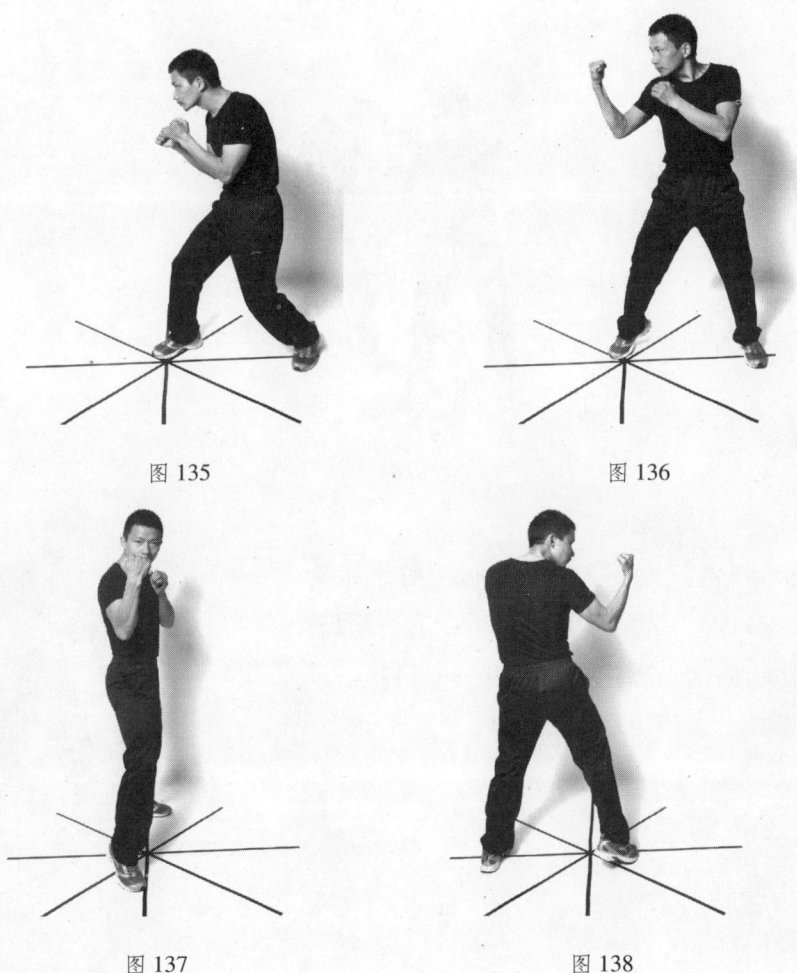

图135　　　　　　图136

图137　　　　　　图138

【实战应用】 双方以警戒式对峙，我方后手直拳向对方头面部击打，破其身体架构，趁势前手上勾拳攻击对方肋部（图139—141）。

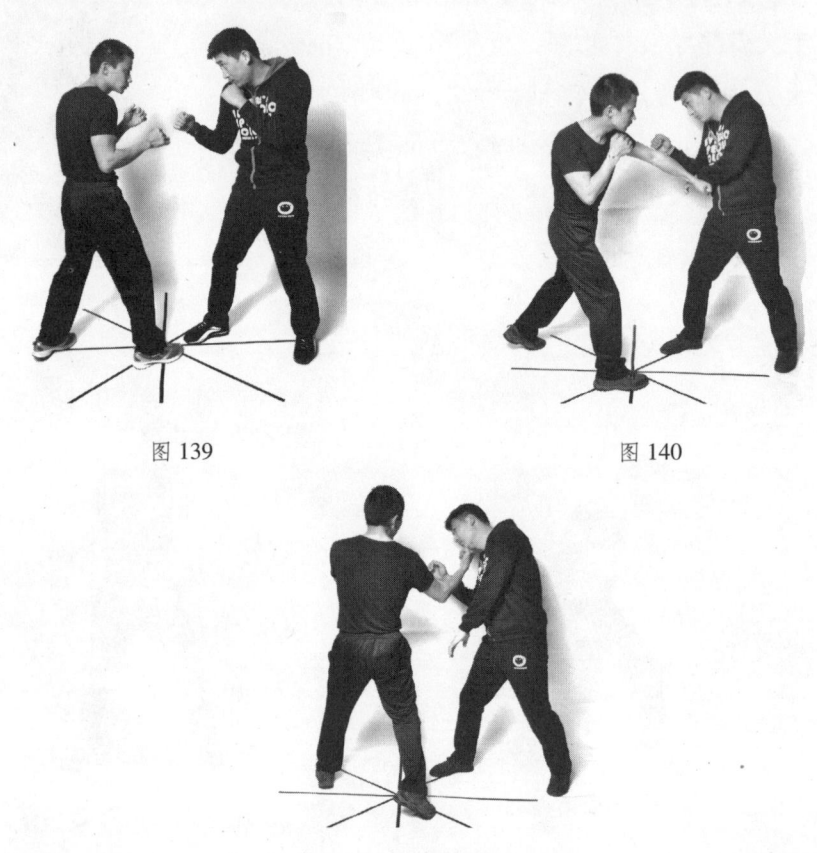

图139　　　　　　　　　图140

图141

后手上勾拳

【标准技术】 由警戒式开始，后足跟为发力轴，身体重心移至前足，后手握拳随着腰胯的扭转向前上方击出（图142—144）。

图142

图 143

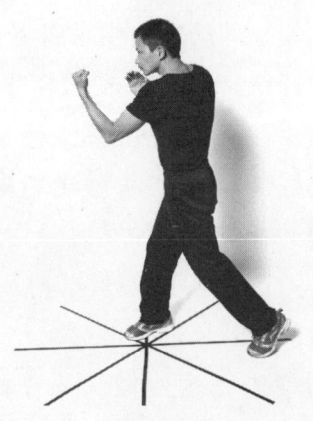

图 144

【实战应用】 双方以警戒式对峙，面对对方突发的一记前手直拳，截拳道者侧步闪躲至其身体盲角，前手拍击的同时后手上勾拳从其前臂外交叉出击，狠击对方下巴（图145—147）。

图 145

图 146

图 147

上勾拳的动作要领是以尽量小的动作幅度，在轻快转移重心、保持平衡的前提下，以身带拳，突然快速而流畅自如地发力攻击，就好像以一把铁钩猛力向上钩提重物般。初学者找到这种发力感觉后，就可以进行击打沙包、上下拉扯式速度球的练习，但最有效的练习莫过于击打手靶了。下面以前手上勾拳击靶为例做一简单示范：助手持靶，训练者警戒式准备，依照正确的技术要领进行击打（图148—150）。

图148

图149

图150

四、水平勾拳

水平勾拳，简称平勾拳，在截拳道中，这是一种从对手侧面发起攻击的弧线型近身重击拳法。实战中，主要用于攻击对手头部侧面（图151），其基本技术有些类似拳击或散打中的摆拳，只是在出击时手臂弯曲的角度和着力点略有不同。

图151

一般情况下，水平勾拳左右手皆可出击。有时候，根据出击的距离远近又可细分为近距水平勾拳（图152）和长距水平勾拳（图153）。

图152

图153

前手水平勾拳

【标准技术】 由警戒式开始，后足跟落地，重心后靠，前足跟踮起，以前足掌为转轴带动腰胯发力，前手臂屈肘约90度，与肩同高立拳弧线随腰胯的旋转逆时针方向击出，后手保持防护（图154—156）。

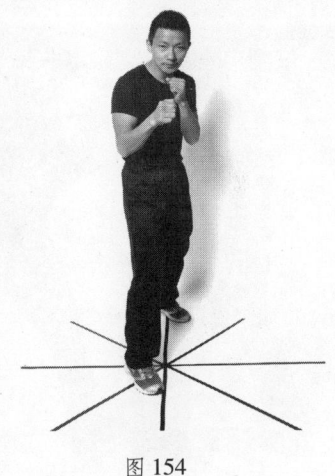

图154

图 155

图 156

【实战应用】 双方以警戒式对峙，我方前手上勾拳击打对方腰腹部诱其格挡，随即前手变势成水平勾拳击打对方暴露出的头部侧面（图157—160）。

图 157

图 158

图 159

图 160

后手水平勾拳

【标准技术】 由警戒式开始练习，重心前移，以后足掌为轴带动腰胯发力，后手屈臂约90度，与肩同高立拳弧线随腰胯的旋转顺时针方向击出，前手保持防护（图161—163）。

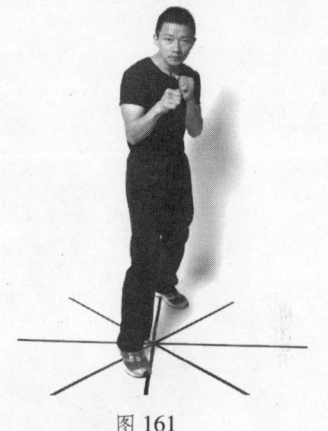

图 161

图 162

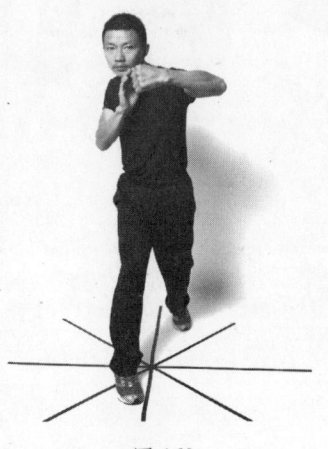

图 163

【实战应用】 双方以警戒式对峙，我方在用摇晃技术闪避对方直拳攻击的同时，以一记迅猛有力的后手水平勾拳狠击其头部侧面（图164—167）。

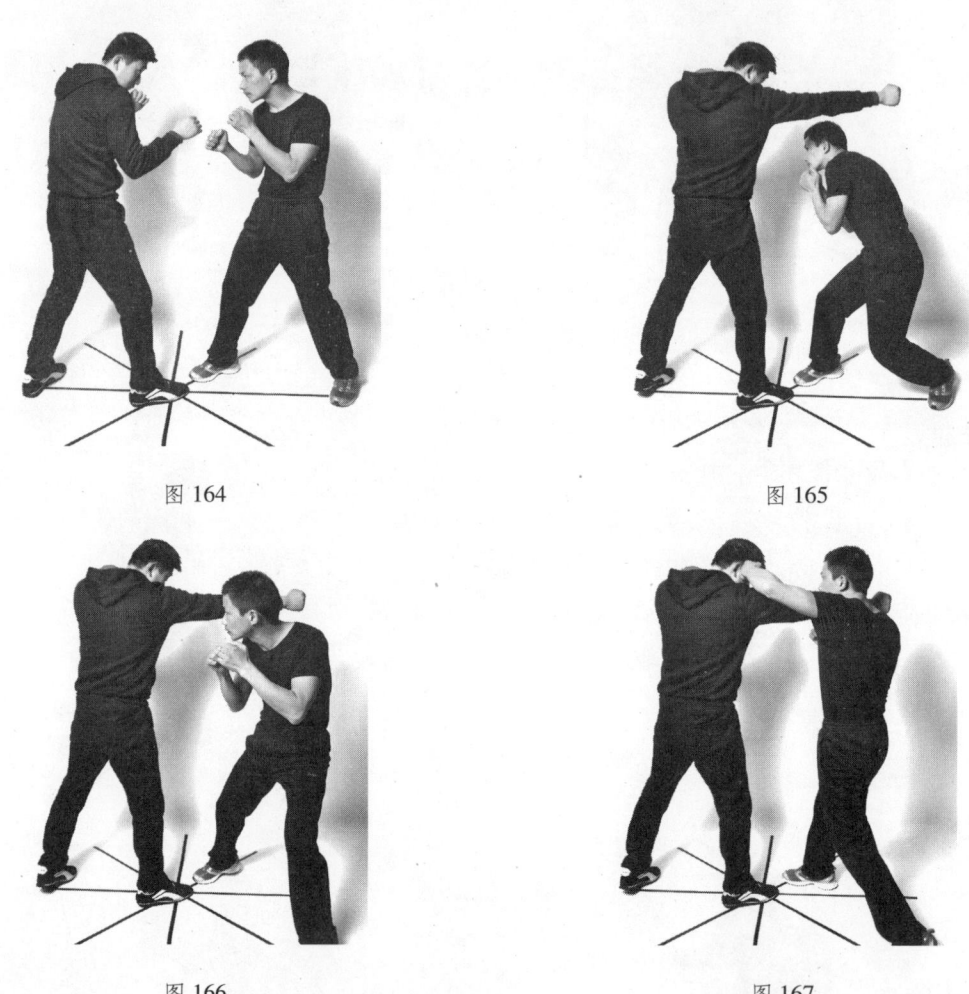

图164

图165

图166

图167

水平勾拳出击时，同侧身体从足跟到肩端保持一垂线的旋转发力很重要，这有点像关门的动作，我们称之为"门轴原理"。同时，为了有效地保护手腕，截拳道水平勾拳在使用时多以立拳出击。这一点与拳击或散打里的摆拳以平拳出击的方式略有不同，主要原因在于截拳道是街战体系，击拳时是不戴拳套的，打斗中是裸拳与对手接触，而立拳出击有利于保护拳面指关节和手腕，从而减少受伤几率。

另外，还有一个细节需要特别提出来。水平勾拳像挂捶一样，出拳时不得有像图168那样手臂向后拉的多余动作，且当一手出击时另一手需保持良好的防御姿势。事实上，这一点也是在截拳道所有动作中都必须强调的。

水平勾拳的技术要领掌握好后，可通过击打沙袋、速度球和手靶等方法提高出击质量。如图169—171，即为一个从警戒式开始的简单的水平勾拳击打手靶示范；其他如宽距拳面俯卧撑（图172—173）也是一个很好的训练方法。

图168

图169

图170

图171

图172

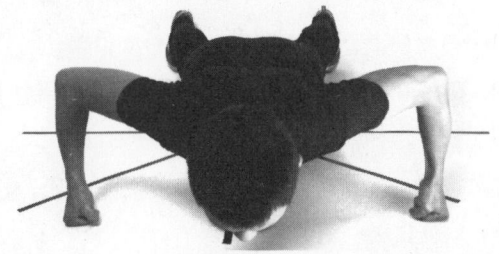

图173

五、铲拳

铲拳又称为铲勾拳，其技术原理有点像过去火车司炉用铁铲铲煤送进炉膛的动作，一般多用前手攻击，可分为长距铲拳和近距铲拳。实战中，我们在遇到那些上肢防护很严密的对手时，用铲拳去攻击他双手防护间的空隙是很不错的选择，如图174中攻击对手的心窝。

图174

前手铲拳

【标准技术】 由警戒式开始，后足蹬地，重心略前移，前手臂屈约120度，拳心朝上，随腰胯的扭动沿直线向前击出，后手保持防护（图175—177）。

图175

图 176

图 177

【实战应用】 双方以警戒式对峙，我方在后手拍挡对方直拳攻击的同时，前手铲拳直击其胸部（图178—180）。

图 178

图 179

图 180

铲拳从技术外形上，初看有些类似上勾拳，二者最大的区别在于出击手的屈臂角度和攻击路线的不同。铲拳的训练，最好的方法就是击打沙袋和手靶了，在图181—182中，截拳道者演示了前手铲拳击打手靶的训练。

图181

图182

六、拳法的补充

以指为剑
——截拳道标指解析

标指是截拳道技术"武器库"中最为重要的手法技巧之一，李小龙将它比喻为西洋剑客手中的剑，是截拳道者的"无剑之剑"。

标指在截拳道中又被称之为"手指戳击"，是截拳道所有手法中攻击距离最长、速度最快的一种技巧。其基本技术和原理最初来源于咏春拳，后又吸收了击剑的步法和心法，使之更具隐蔽性和突破性，是截拳道者无限制自卫的最可靠、最实用的武器之一。

在实战中，标指的主要攻击目标为眼睛与咽喉，这两个地方是身体最为脆弱的要害部位，准确刺中即可奏效。因此，标指的攻击要诀在于轻快、准确，即速度，而非强劲的力度。

在截拳道中，标指多以前手进行攻击，根据其攻击的距离可分为长、中、近三种应用方法，这主要取决于手臂的肘部位置。在图183—185中，截拳道者则分别演示了这三种技法。当然了，这三种技法的发劲方法也是不尽相同的，长、中距离的标指强调的是送肩的放长击远，而近距标指则讲求的是寸劲，注重的是肘底力，这也是截拳道中的一种独特发力方法。

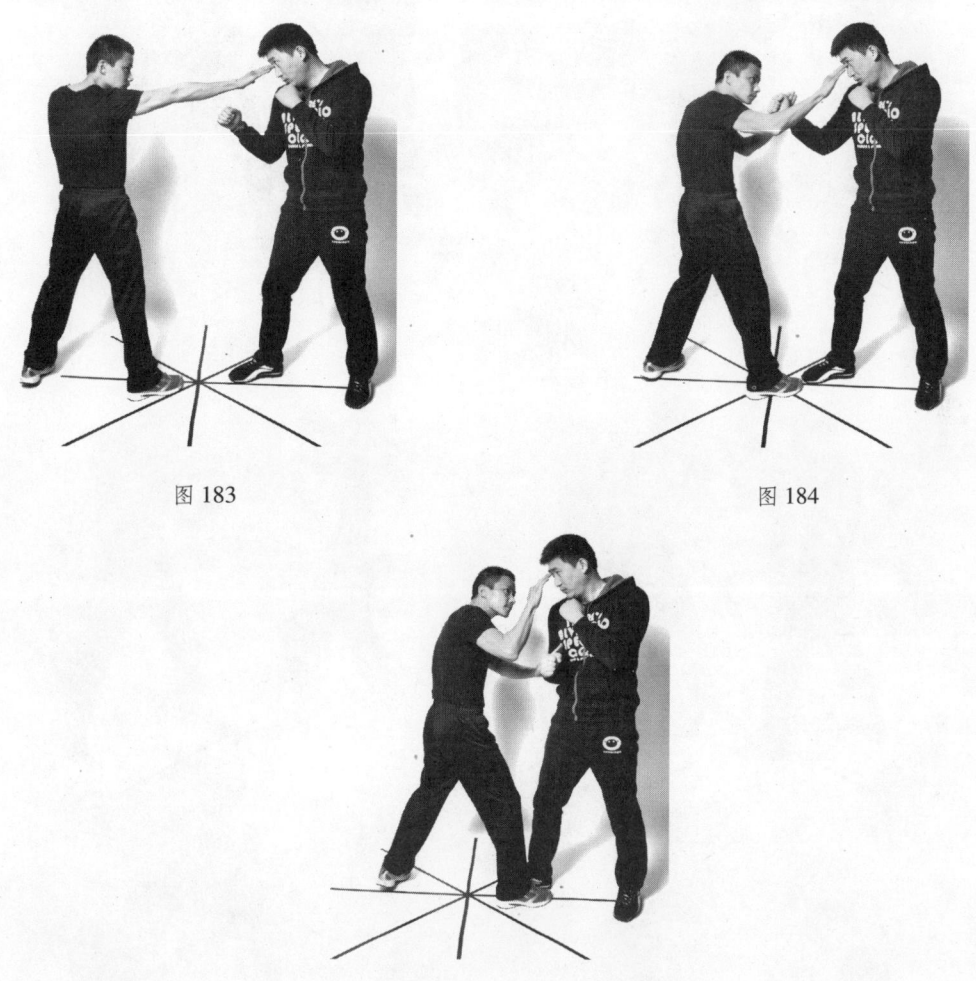

图 183　　　　　　　　　　图 184

图 185

具体应用到实战中，标指的攻击方法也是千变万化的。在图 186—188 中，截拳道者演示的是以摊手防御敌人攻势的同时以前手标指刺击敌人眼睛的技法，这也是截拳道攻击技法中"攻防合一"原理的体现。在图 189—191 中，截拳道者则先以低位腿法诱攻，趁敌上当之际，一记标指直击其眼睛，注意在图 191 中截拳道者的左手封臂动作；在图 192—195 中，标指所担当的则是先行诱攻技巧的作用，之后才是后续的腿击，前辈说"有定招无定势"，说的就是此理。

54 截拳道入门

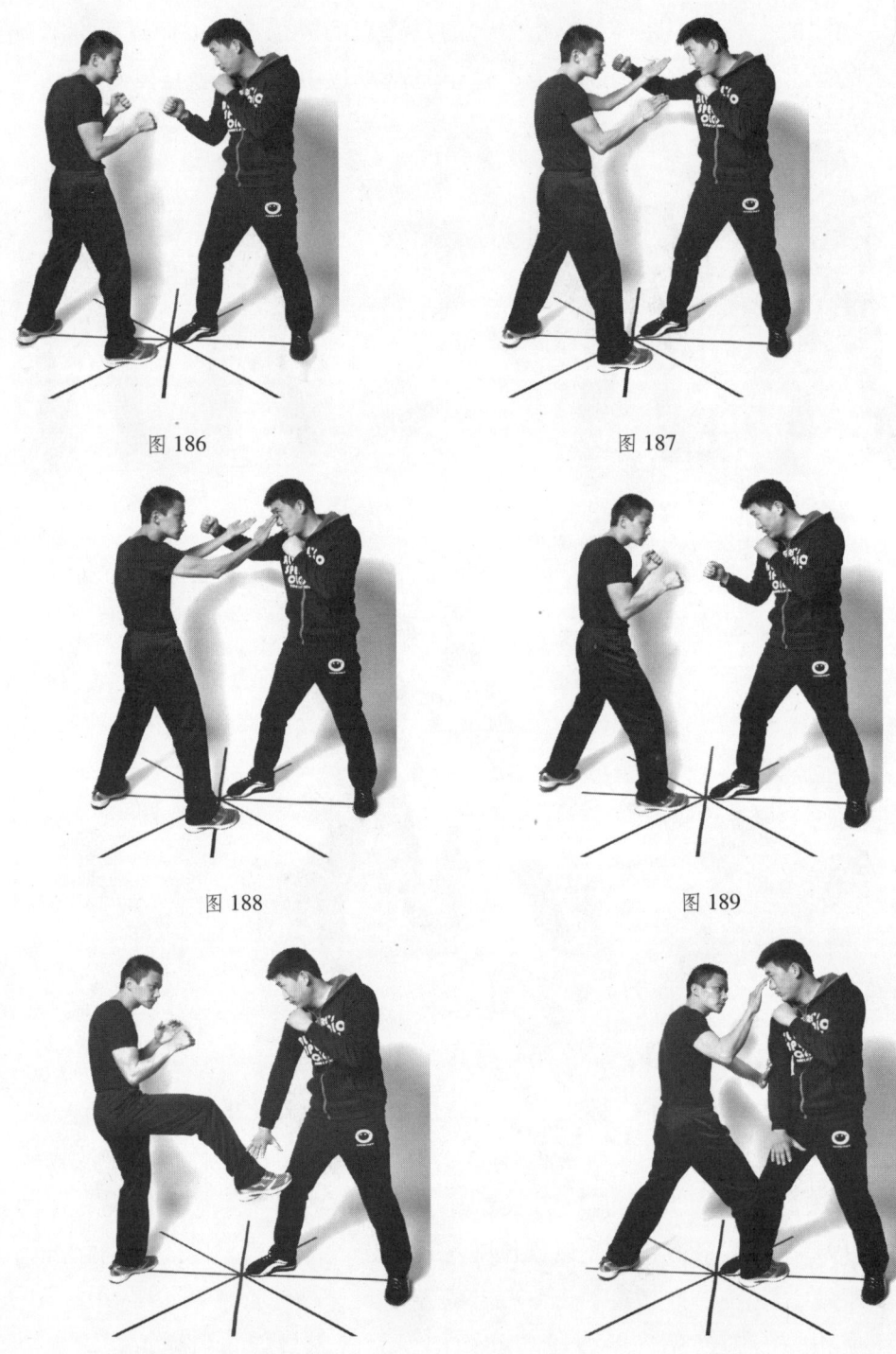

图 186

图 187

图 188

图 189

图 190

图 191

图 192

图 193

图 194

图 195

在截拳道中，除了上述几种较为常用的技巧，还有一种转腕标指，这也是一种在街战中很好用的技法。在街头遭遇战中，截拳道者在面对一个低头猫腰欲施抱腿摔的对手（图196）时，步略后撤，避其攻势，同时以左手掌推按其肩部，右手做好攻击的准备（图197），右手转腕（即掌心朝上），标指向其眼睛狠戳，破坏其战斗力（图198）。

图 196

图197　　　　　　　　　　　图198

以上介绍的只是一些基本的原理与技巧。一个截拳道者若想在实战中得心应手地使用这些技巧，还需进行大量的科学训练和理论研究，这是一个截拳道者成为实战强者的不二法门。

第二节　拳法的辅助训练

为了提高练习者的拳法质量，下面再介绍几种拳法的专项训练方法，若依此长期练习，可有效地增强拳法出击所需的隐蔽性、组合攻击、速度、力量等特质。

一、组合拳法练习

李小龙认为，使用简单的技术击倒对手，才算是"真正的至高技巧"和"真正高手的荣誉"。但绝大部分实战的情况是，各种拳法（包括其他各种攻击技法）配合应用的技能越高，适应能力就越强，就越容易打败和击垮不同类型的对手。下面介绍几种简单的拳法组合供参考：

A. 前手直拳——后手直拳

B. 后手直拳——前手直拳

C. 前手直拳——后手直拳——前手水平勾拳

D. 后手直拳——前手上勾拳——后手直拳

上面介绍的几组组合拳法，可先采用空击练习，由慢到快，熟练后可配合步法进行练习，并尝试一些新的组合练习以及用沙包、手靶进行练习。进行拳法组合练习时需注意身体重心的转换、平衡的掌握以及动作衔接的节奏等。

二、合掌练习

这是一种能够有效地提高截拳道者拳法隐蔽性和快打快收能力的练习，也是李小龙生前最喜欢的训练方法之一。做这个练习时，首先需要找一个同伴，站在距离同伴半步加一臂的距离（截拳道的最佳攻击距离）上，让同伴双手分开掌心向内置放于肩两侧，练习者用前手直拳从其两手之间打向同伴的身体或面部，同伴则应在练习者拳头攻进的瞬间将两手掌向内拍夹，练习者将尽可能地快速将拳头回收，恢复警戒式（图199—201）。练习时需要注意拳头攻击的力度把握，以免误击同伴。同伴可同时培养快速观察和防御反应的能力，这个练习对双方都有好处。

图 199

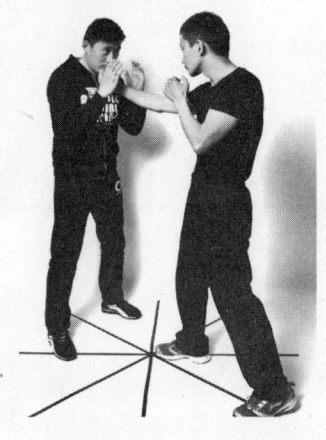

图 200

图 201

如果同伴未能夹住你的拳头，就可以增加一些难度，在原先练习的站位上延长一定的距离再进行配步拳法攻击的练习。

坚持练习一段时间后，你会发现自己的出拳隐蔽性和速度得到了很好的提升。

三、反应靶练习

这个练习借鉴拳击的训练方法，有两种练习方式。与合掌练习一样，需要找个同伴一起练习：

A. 同伴执靶，练习者用前手直拳（或其他拳法）快速击向靶面，而同伴应在练习者拳头攻击到位的瞬间快速将靶移位，不让练习者击到靶面，练习者则尽可能地快速隐蔽出击，如此反复练习（图202—204）。

图 202

图 203

图 204

B. 同伴原地站位，将靶置放于体侧，练习者保持姿势，在同伴将靶拿起到位的瞬间，快速地用前手直拳（或其他拳法）进行击打，如此反复练习（图205—207）。

图 205

图 206

图 207

四、腕力棒练习

拥有一个强壮的前臂是截拳道者发出强劲拳法和增强封打、擒锁能力的必备身体条件。前臂肌力训练的方法有很多，限于篇幅，这里介绍李小龙生前最喜欢的一种小臂肌力训练方法，即腕力棒练习。当然，这也是最为有效的训练方法。

腕力棒的制作很简单，找一根一手握的木棒、一条绳索、一定分量的铁块（可用砖头代替），连接在一起即可使用了。

练习时，首先像图 208 中一样握住腕力棒，手指关节向上，转动腕部，旋转腕力棒，让绳索完全缠绕在棒上（注意：练习时肘部不得弯曲，否则你身体的其他一些部位都会参与动作，从而分散了力的聚集，影响练习效果）。之后再将卷起的绳索放下，重新进行练习，直到力竭（图209—210）。

图208　　　　　　　　图209

图210

五、杠铃平推练习

杠铃平推练习需要练习者全身肌力的完整配合才能做得完美，与截拳道者拳法出击时要求的全身力量配合的动作发力结构是一致的。

做这个练习时，所选杠铃不必太重，一般是练习者体重的一半较为合适。

练习时，可以从截拳道警戒式开始。当然，像图211那样进行练习是大多数人比较常用的方法。首先，将杠铃提至胸前，保持双脚的稳定站姿，借助全身的力量通过手臂将杠铃沿直线向身体的前方水平推出去；之后，再将杠铃回收置放于胸前，准备下一次的练习（图212）。

图211

图212

第六章 腿 法

第一节 基本技术

与某些腿法华丽的武技不同，截拳道腿法不讲求动作的高、飘、帅，而注重踢击的效率和实用性，因此，截拳道的基本腿法以中、低位腿法为主，高踢仅仅出现在训练或表演中。

截拳道者在格斗中运用腿法进行攻击的主要理由有以下几点：

A. 腿比手更具有力量和杀伤力；

B. 腿比手长，能攻击较远距离的敌人，所以它是攻击的首选项；

C. 要想阻截腿法的攻击是相对困难的，尤其是截拳道者发动的那些针对身体下方的足踝、胫骨、膝关节和腹股沟部位的低位腿法。

截拳道的腿法主要来源于中国功夫——咏春拳、中国北派腿法以及李小龙的自创，有心者可查阅李小龙原著《基本中国拳法》、《李小龙技击法》和严镜海的《图解咏春拳》等书。

如果将腿法在格斗中的作用比喻为炮兵，拳法作用比喻为步兵，那么，在大炮轰开城门之后，真正起决定性作用的是步兵。在截拳道中，虽然拳法是最重要的，但是，腿法在截拳道技术体系中也不可或缺，拳法和腿法的整体、系统的应用才能发挥出截拳道的最好效果。本着"精简、直接、非传统性"的技击原则，这里仅就截拳道最具实用性的四种腿法予以简要图解。

一、前脚膝/胫踢

从人体解剖图上可见，在人的身体中，膝关节和胫骨的表皮仅有一层薄薄的皮肤，缺乏肌肉的保护，是承受不了大力攻击的；另外一个原因就是这个目标离我们最近，并且暴露在外面，不易防守，因此成了截拳道腿法的首选攻击目标。

在截拳道中，用置前的腿法进攻膝/胫骨的技术相当于西洋拳击中的刺拳，但比刺拳的攻击距离更长、力量更大。截拳道者若站在有效的距离上踢击对手膝/胫骨，则一次攻击就能解除对手的抵抗。当然，这种技巧在擂台格斗时是禁止使用的，这也是擂台格斗术与街头格斗术之间的区别。

在截拳道中，踢击对手膝/胫骨最好的腿法就是低位侧踢，这个腿法无论是攻击中起脚还是突然间起脚都极具爆发力。

实战中，截拳道者前手标指佯攻分散对手注意力，接着便快速地利用步法接近对手，并对准对手的膝/胫骨发出一记低位侧踢，令其膝部受创而失去行动能力（图213—217）。

图 213

图 214

图 215

图 216

图 217

图 218

在《截拳道之道》一书中，李小龙还列举了另外几种截拳道常见的踢击膝/胫骨的技法：

A. 直线向前踢（图 218—220）

图 219

图 220

B. 直线向下踢（图 221—223）

图 221

图 222

图 223

C. 由内向外（如逆勾踢）（图 224—226）

图 224

图 225

图 226

D. 由外向内（如勾踢）（图 227—229）

图 227

图 228

图 229

二、前踢

在截拳道中,这是一种直接提膝向前上方踢击的腿法,类似于传统武术中的弹踢,但更快捷、更隐蔽、更直接。实战中,主要用于踢击对手的膝关节、裆部以及胸腔等要害部位,接触点可以是脚面或脚尖(图230)。

图230

【标准技术】 由警戒式开始,后脚前垫一步,前脚原位提膝,小腿放松,脚尖直指前方,同时向前上方踢击,双手保持防护(图231—234)。

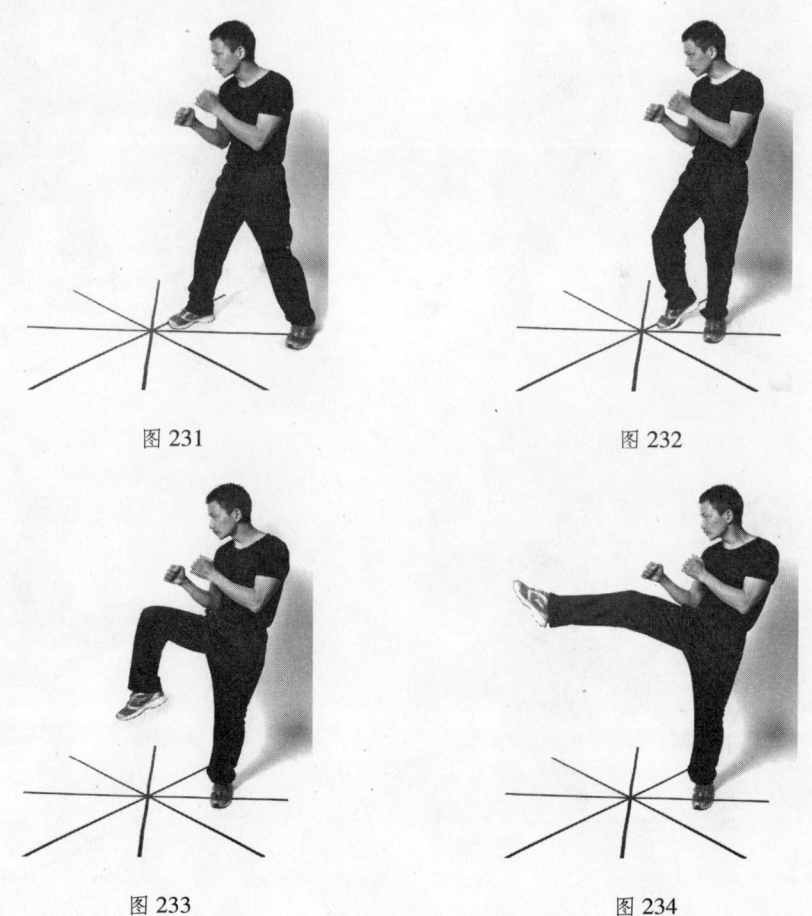

图231　　　　　　　　　图232

图233　　　　　　　　　图234

【实战应用】 双方以警戒式对峙，我方前手标指佯攻对手上盘，造成对方错觉，随即趁势后脚拖步，前脚前踢直击对手膝/胫关节，接触点是前脚尖（图235—238）。

在向前踢击的瞬间，手可借助腰胯的力量向下挥动产生一股反作用力，从而增强踢击的杀伤力（图239）。这里还有一个小细节需要注意，即提膝的屈膝角度不可过于向内收，应自然屈膝，这样更利于轻松踢击。

图 235

图 236

图 237

图 238

图 239

相对而言，前踢更强调速度而非力量，这一切都决定于前踢的攻击目标。

有一些训练方法可直接有效地提高前踢的出击质量，如纸靶可练习其出击的准确性和协调性，踢击沙包可练习出击的力量，而最有效的训练方法莫过于借助手靶来踢击（图240—242），而这也是截拳道中最常见的一种训练方法。

图240

图241

图242

三、勾踢

因踢击轨迹类似拳法中的勾拳，故名"勾踢"，动作外形与泰拳的扫踢有点相似，但动作更为紧凑、快速和隐蔽。实战中，可以攻击对手腿胫骨、大腿内外侧、裆部、腰腹部、心脏以及头面部等要害（图243—245）。

图243

图244

图245

勾踢多以置前的腿进行踢击，根据踢击路线的不同，可划分为标准勾踢和逆勾踢。

标准勾踢

【标准技术】 由警戒式开始，后脚向前垫步，同时前腿快速提膝，膝以下的部位保持放松，以逆时针方向拧腰转胯为动力踢出勾踢（图246—249）。

图246

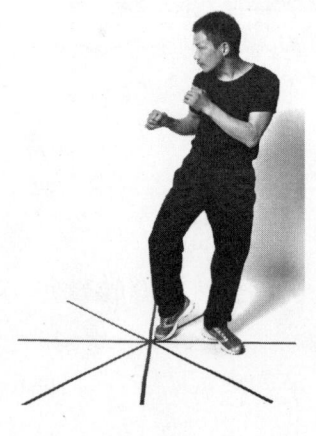
图247

第六章 腿　法　71

图 248

图 249

【实战应用】　双方以警戒式对峙，我方前手标指诱攻，前腿随后勾踢，直击对方胸部（图 250—253，图 254—257 为这一战例的背面视图）。

图 250

图 251

72 截拳道入门

图 252

图 253

图 254

图 255

图 256

图 257

逆勾踢

【标准技术】 与标准勾踢不同的是，逆勾踢是由身体的内侧向外进行踢击的，实战中多用以攻击对手裆部和胸腹处（图258），接触点是脚尖和脚背面（图259—262）。

图 258

图 259

图 260

图 261

图 262

【实战应用】 双方以警戒式对峙，我方左脚向左侧略移，避开对方拳攻的同时起前腿逆勾踢踢击其裆部（图263—265）。

勾踢的速度和力量首先来自发力时的放松，这一点很重要，若你身体很僵硬，那你就不能协调地借助身体的整体力量来踢击，动作也会变得很慢。

有些练习者在做勾踢时，喜欢先将腿往回收，他们认为这样可以延长踢击路线，从而增强勾踢的力量。事实上，这个动作最不

图263

图264

图265

可取，这样做等于告诉对手"我要踢你了"。请记住，出腿启动要迅速，结束后收腿动作也要迅速，不可有多余的动作。

如果你想很好地运用勾踢来搏击，那么就需要多做一些有效的练习，像利用橡皮筋练习踢腿的速度、用重型沙袋练习踢击的力量和硬度等。图266—268是截拳道者在同伴的配合下，利用手靶进行勾踢的练习。

图266

图 267

图 268

四、侧踢

侧踢是截拳道中既有速度又有强大冲击力的标志性实用腿法，堪称速度与劲力的最佳组合，也是李小龙生前最喜欢的腿法。

截拳道侧踢多以置前的腿踢击，但在特殊情况下，也会转身踢出有力的后脚侧踢，根据其动作路线、攻击角度的不同，可划分为低、中、高三种侧踢法。

首先，我们来看看前腿中位侧踢的技术动作：

【标准技术】 由警戒式开始，后足向前拖步，前腿自然屈膝提起，约等于腰高，沿一直线侧向踢击，力达全足掌，同时支撑足以脚前掌为支点转动，足尖斜朝后方，上体略向后倾，双手保持放松防护（图269—272）。

图 269

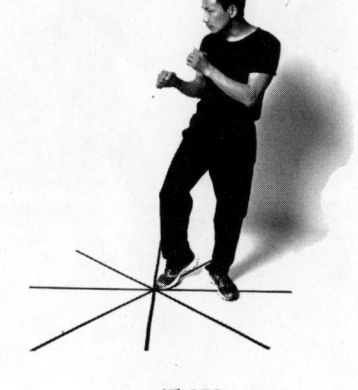
图 270

图271

图272

【实战应用】 双方以警戒式对峙,我方前手标指佯攻,奏效瞬间接前腿中位侧踢,直击对手胸部(图273—276)。

图273

图274

图275

图276

注意：动作完成后，正确的上体姿势应是与踢出的腿足呈一直线结构，而不可侧倾或过分后倒；配合步法踢击时，应在支撑足落步踏实的瞬间同时完成踢击，此即截拳道腿法中"步落足踢"的技击原则。

实战中，中位侧踢主要用来攻击对手的腰腹部，如果你想用侧踢去踢击对手的膝关节或者头面部，只需调整一下位置就可以了。当然，格斗时情况复杂，技术运用要尽量简洁，需要时刻把自己置身于移动的真实街头自卫场景，尽量避免采用不易维持平衡、费时费力的高踢动作。

图 277—279 演示的就是低位侧踢攻击对手膝关节。做低位侧踢时上体不可向前倾，以免遭到对手的拳法攻击（图 280）。

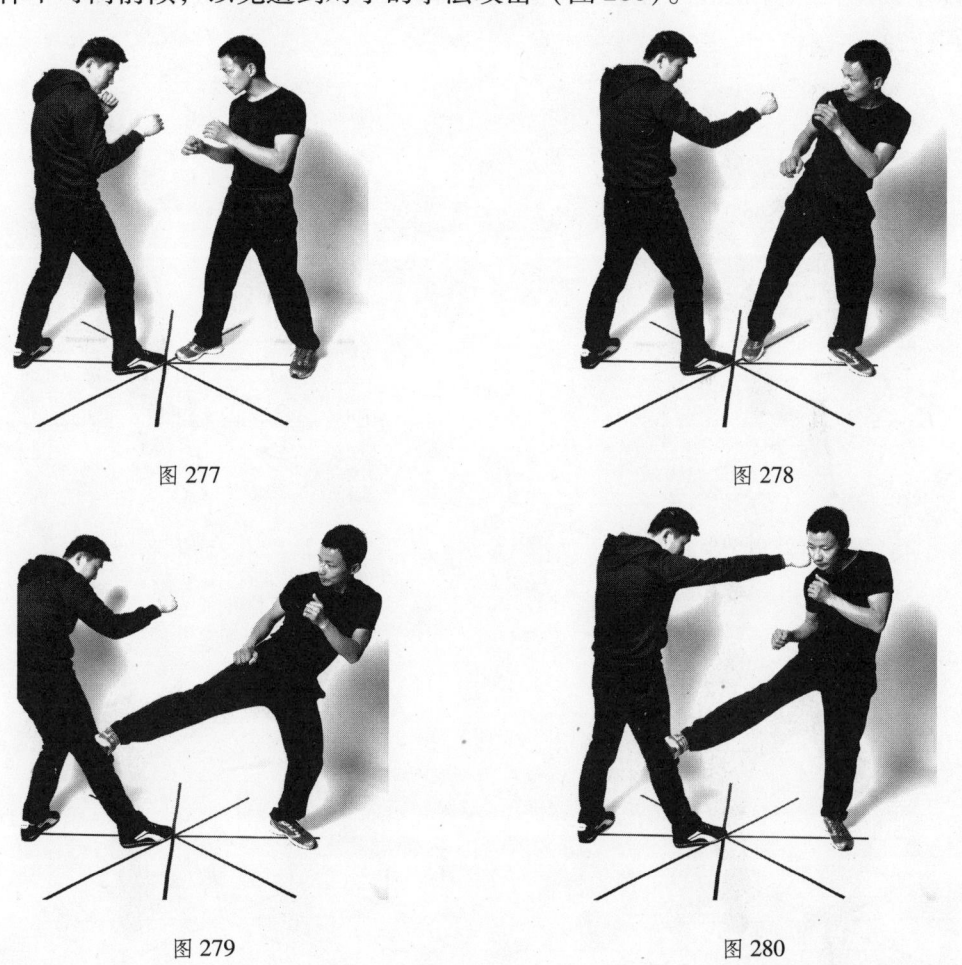

图 277　　　　　　　　　　图 278

图 279　　　　　　　　　　图 280

其他，像踢击重型沙袋、踢击树干，以及利用手靶、大脚靶等都是不错的训练方法,关键是训练态度要端正。

五、直踢

截拳道的直踢有些类似于传统武术中的正蹬踢,咏春拳称为"直撑腿",在咏春拳和泰拳中运用较多。实战中,多用来攻击对手胸腹部、裆部及大腿等身体要害。

在截拳道中,直踢多以身体置前的腿进行踢击。

【标准技术】 由警戒式开始,后脚向前拖步,同时前腿快速提膝,膝以下的部位保持放松,勾足尖,送髋挺膝,沿直线向前踢出,力达足前掌(图281—284)。

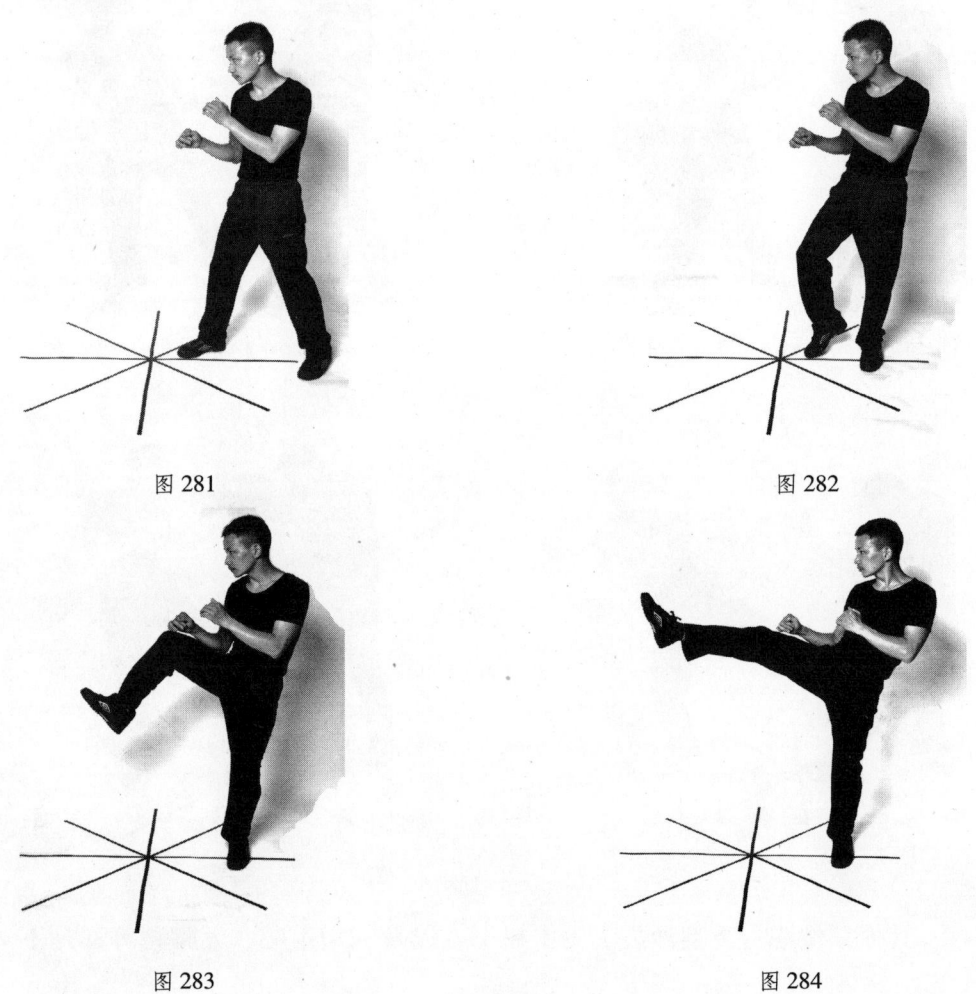

图 281　　　　　　　　　　图 282

图 283　　　　　　　　　　图 284

【实战应用】 双方以警戒式对峙,我方前手标指诱攻,前腿随后直踢,直接攻击对方胸腹部(图285—288)。

图285　　　　　　　　　图286

图287　　　　　　　　　图288

训练直踢的最好方法就是踢击大型脚靶。没有训练伙伴时,也可以进行踢击树干的练习。练习时,需要注意动作的完整性,提膝与踢出要连贯一致,快踢快收,不可拖泥带水。

六、拦门踢

在截拳道中,拦门踢又称截踢或轧踢,多以后足来施展。有时候,若时机把握得当,前腿拦门踢也是极具战效的。在电影《猛龙过江》中,李小龙在与罗礼士的那场打斗中,就把拦门踢技术发挥得淋漓尽致。

拦门踢适用于中近距，实战中，可截击对方低位腿法，也可用于试探，攻击目标主要是对手的膝关节或小腿胫骨。

后腿拦门踢

【标准技术】 由警戒式开始，重心前移，后腿提膝经前足内侧向前，足尖勾起，挺膝向前斜下方踢出，力达全足掌，双手保持防护（图289—291）。

图 289

图 290

图 291

【实战应用】 双方以警戒式对峙，对手欲以低位腿法攻击我方，我方后腿直接提膝，将其动作阻击在半途（图292—293）。

图 292

图 293

前腿拦门踢

【标准技术】 由警戒式开始,后足向前拖步,前膝提起,足尖勾起斜45度角朝上,呈一直线向前方踢出,力达全足掌(图294—297)。

图 294

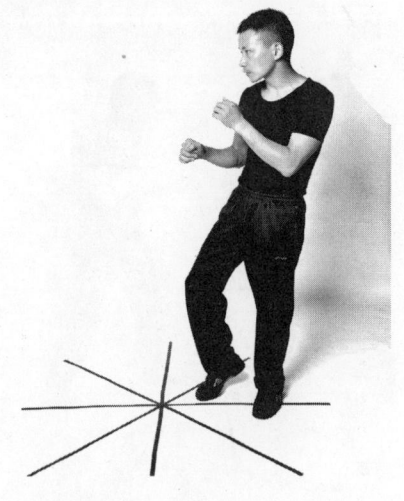

图 295

图 296

图 297

【实战应用】 双方以警戒式对峙，我方以标指防御技术将对手的前手直拳进行拦截，动作不停，随即变成擸手擒住其手腕向后拉动，破坏对手身体平衡的同时，以一记前腿拦门踢狠踢其膝关节（图 298—301）。

图 298

图 299

第六章 腿法 83

图 300

图 301

拦门踢需要进行一些有效的训练方可应用于实战，踢击沙袋或木桩都是不错的训练方法，但最好的方法莫过于与训练伙伴穿戴胫骨护具互相踢击。需要注意的是，训练中但凡针对关节的攻击务必小心，避免不必要的受伤。

七、后踢

后踢，在传统武术中又叫后蹬腿或虎尾脚。在截拳道中，向后的踢击是极少采用的，因为攻击目标不在视线范围内。实战中，后踢主要用来踢击来自后方的对手，主要攻击目标是胸腹部、膝关节等要害。

【标准技术】 由警戒式开始，前足向后拖步，转体同时提膝，足尖勾起，展髋挺膝向身体后方沿直线进行踢击（图302—305）。

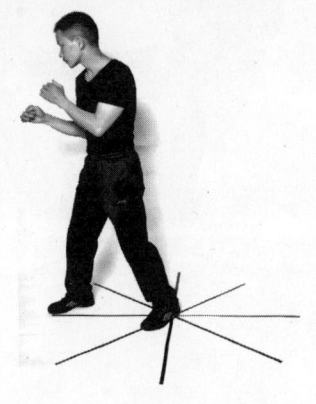

图 302

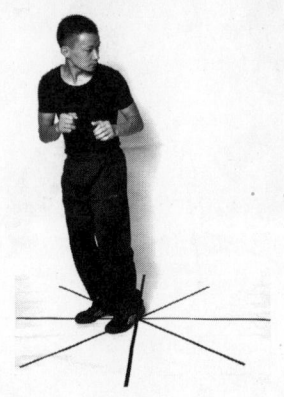

图 303

图 304

图 305

【实战应用】 双方以警戒式对峙,对手在我后方欲发起拳法攻击,我方察觉后,迅速回头起腿向后踢击其胸腹部(图306—308)。

在截拳道中,后踢的有效训练就是踢击沙袋与木桩,练习一段时间后,可找一训练伙伴持大型脚靶,进行后踢的动态踢击训练。

图 306

图 307

图 308

八、转身侧踢

转身侧踢是截拳道中较难掌握的一种腿法，因为在转身踢击时，不仅身体平衡不易把握，而且在转身过程中容易暴露背部空当。所以，在实战中需谨慎使用。如熟练地掌握和使用，这种腿法的攻击力会极为可怕，因为增加了身体旋转的力量。

【标准技术】 由警戒式开始，以前脚掌为轴转动身体，后膝提起，足尖内勾，拧腰展髋，借转体之力挺膝向目标踢击，双手保持防护（图309—312）。

图309　　　　　　　　　　　图310

图311　　　　　　　　　　　图312

【实战应用】 双方以警戒式对峙，我方迅速转体，锁定攻击目标，以一记转身侧踢狠击对手腰腹部要害（图313—316）。

图313　　　　　　　　　　　图314

图315　　　　　　　　　　　图316

相比其他几种腿法，转身侧踢需要更多时间来进行练习。训练方法上，普通的沙袋练习是不错的选择，而踢击训练伙伴手中的靶子能更为有效地提高实战效能，因为目标是移动状态，更接近打斗的真实场景。

九、摆踢

摆踢，因为缺乏力量，截拳道较少使用。在实战中，摆踢适宜用置前的腿来进行，主要用于踢击对手的头面部。这个腿法对柔韧性要求很高。

【标准技术】 由警戒式开始，后足向前拖步，前膝提起，足尖略外撇，展髋挺膝，沿身体外侧向内进行踢击，力达足全掌（图317—320）。

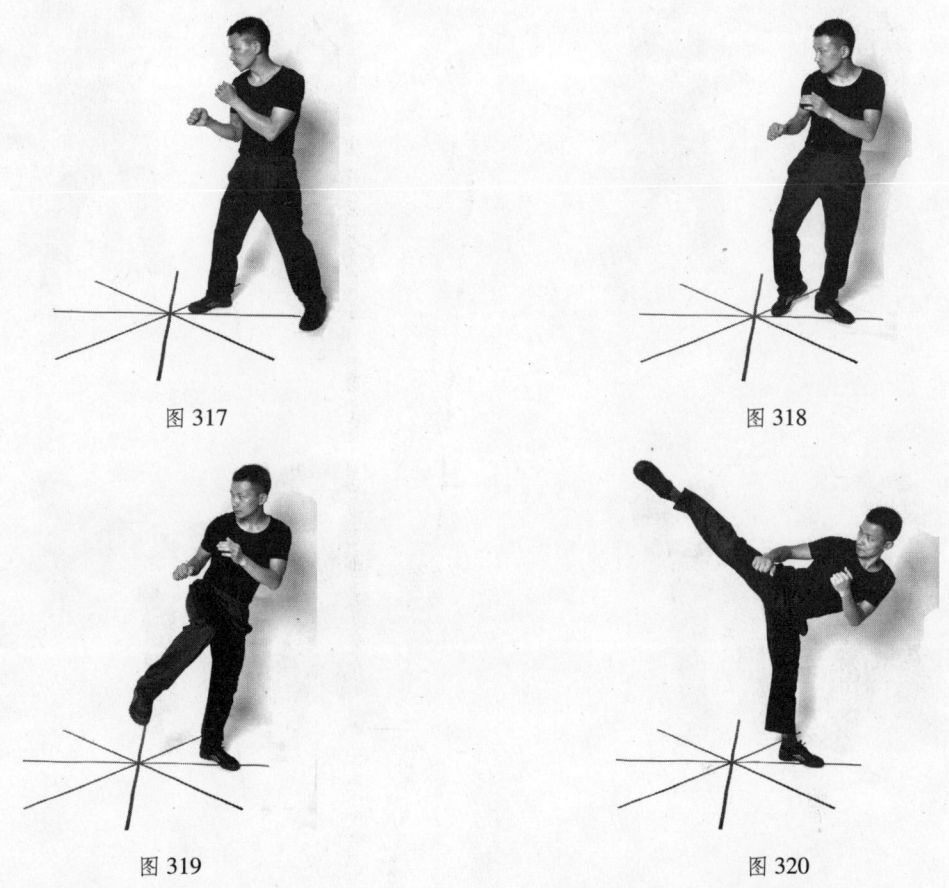

图317　　　　　　　　　　图318

图319　　　　　　　　　　图320

【实战应用】　双方以警戒式对峙，我方以一记前手标指诱攻，趁对手上当之际，以一记前腿摆踢越过其双手的防御，直接踢击对手头面部（图321—324）。

图 321　　　　　　　　　图 322

图 323　　　　　　　　　图 324

独自练习摆踢，踢击沙袋是最佳训练方法之一，踢击直线拉扯式速度球也是不错的选择。练习时，需要注意踢击的准确性与速度。

第二节　腿法的辅助训练

在《截拳道之道》一书中，李小龙对腿法的练习特别给出了以下建议：

（1）需有顺畅且够劲的感觉，不断练习，不断做辅助训练；

（2）出脚时随时能够踢向任何高度；

（3）出脚时快速而招式精简；

（4）动作流畅且快；

(5) 能与各种手法、步法、身法等配合；
(6) 直接而瞬间攻击至目标；
(7) 踢法正确而准确。
下面列出腿法的几种辅助训练方法：

1. 配合练习

（仅列简单练法，试着体会其中的规律，熟练后可任意配合）
A. 配合步法的踢腿练习：
前进时的配合：前滑步——前脚低位侧踢；
后退时的配合：后滑步——前脚低位侧踢；
横移时的配合：左侧移步——前脚中位勾踢；
变角度时的配合：右侧环绕步——前脚中位勾踢。
B. 配合拳法的踢腿练习：
拳先导式：前手直拳——前脚低位侧踢；
腿先导式：前脚低位侧踢——前手直拳。

2. 提膝步练习

在截拳道中，所有的攻防技术都应尽量结合各种步法进行反复练习，以适应格斗的各种变化，培养从任何位置、角度和距离自如出击的能力。

提膝步的练习除了可以提高截拳道者的出腿速度，还可以作为佯攻近身的技巧，从而达到隐蔽安全地与对手搭桥，为后续攻击做顺势准备的目的。但这些还不是最重要的，提膝步的最大好处是，可以让截拳道者在踢腿时能够保持正确的身体姿势，以确保重心平衡。

基本技术参考第四章步法篇之"提膝步"。

3. 控腿练习

控腿练习可以提高截拳道者的踢击平衡性、灵活性、单腿连踢的顺畅变换、力度和耐力、技术动作规范性、攻击准确性及渗透性等踢法所需的综合特质。

以中位侧踢控腿为例：

由警戒式开始，按中位侧踢的技术要领完成踢腿的动作。动作到位后，锁定姿势，进行控腿练习（图325）。

刚开始可从10秒开始，之后慢慢地延长练习时间。达到一定效果后，还可以增加负重控腿练习（图326）。日常练习中，可用任何腿法进行此项训练。

图325

图326

4. 负重深蹲练习

深蹲是锻炼腿部力量的基本动作，也是增强踢法穿透力的最佳练习方法之一。

练习时，首先双脚分开与肩同宽，肩负一定重量的杠铃，挺胸、收腹、抬头，目视前方，两腿屈膝下蹲，至最低点后，利用腿部的力量用力蹲起，还原起始姿势。

做深蹲练习时需注意呼吸，即下蹲时吸气，蹲起时呼气，一组练习做12次以上。

第七章 防 御

第一节 基本技术

有攻击就有防御，这是格斗的基本规律。实战中，当对手向你发起攻击时，如果不能运用良好的防御技术去应付，就会陷入困境。在截拳道中，防御与攻击是紧密结合在一起的，所有的防御不是与攻击同步进行（如连消带打），就是在为反击创造最佳条件。很多时候，截拳道者常常用攻击来达到防御效果，如后发先至的截击。总之，在截拳道中不强调单纯的或被动的防御。

在截拳道中，防御技术主要有两种：1. 运用肢体进行接触式的格挡；2. 运用身体的闪避或步法的躲闪进行非接触式防御。

限于篇幅，下面仅介绍一些使用率较高的防御技术，朋友们可在熟练掌握进攻技术的基础上来学习防御技术。记住：防御技术越精细，你才会越安全，攻击和反击技术也会越凌厉。

一、格挡

截拳道格挡技术的一个显著特征是：以肘部为动作枢纽和动力之源，以手部（手和前臂）从身体中线上简单、直接、圆滑、快速的开合来完成防御，易学、易用、高效。格挡不依靠蛮力动作，而仅以轻快自然的简单动作，在最佳时机内将对手攻击拳脚从原来之攻击路线上挡开，最忌猛砍和挥打动作。

下面以后手格挡为例做简单介绍：

1. 向前的拍击

【标准技术】 由警戒式开始，前手握拳，后手变掌向面部正前方拍击，力达掌心（图327—328）。此技主要用于防御对手向我面部击打的直线拳法。

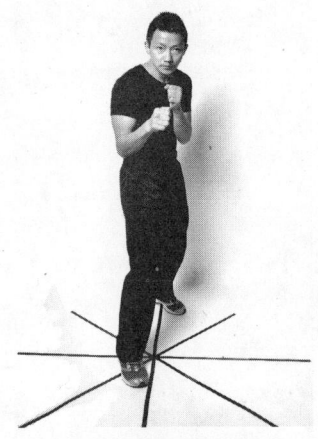

图 327

图 328

【实战应用】 双方以警戒式对峙,对手抢先向我方发起直拳攻击,我方以后手成掌向前直线拍击以阻止其攻击,动作不停,趁其动作遇阻回收之势,一记前手直拳直击其头面部(图 329—331)。

图 329

图 330

图 331

2. 向身体内侧的格挡

【标准技术】 由警戒式开始,前手握拳,后手成掌(亦可握拳)由己方身体内侧向外挡防(图332—333)。此技主要用于防御对手向我身体内侧打来的直拳或弧线拳法。

图332

图333

【实战应用】 双方以警戒式对峙,对手突发前手水平勾拳攻击我面门内侧,我方后手格挡的同时,以前手直拳进行反击(图334—335)。

图334

图335

3. 向身体外侧的格挡

【标准技术】 由警戒式开始,前手握拳,后手变掌成拍手向己方身体外侧横向拍击(图336—337)。此技主要用于防御对手向我身体外侧头面部打来的直线拳法。

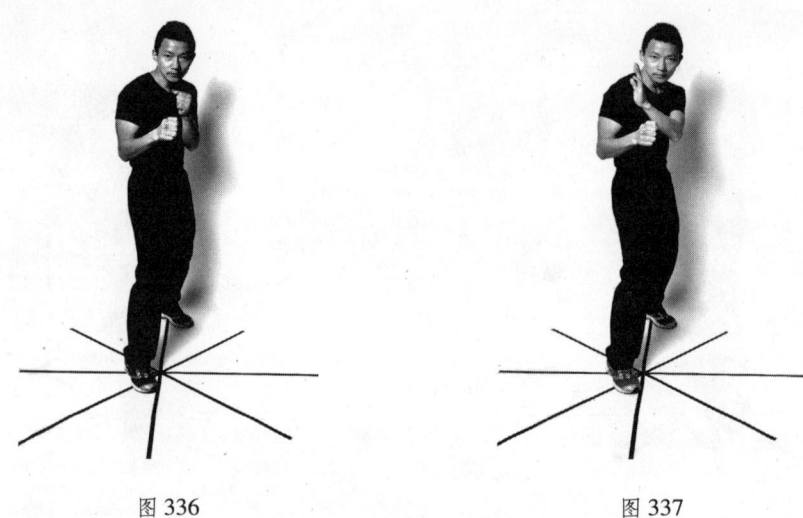

图336　　　　　　　　　　图337

【实战应用】 双方以警戒式对峙,我方后手拍击对手拳法攻击的同时,以前手直拳进行反击(图338—339)。

图338　　　　　　　　　　图339

二、闪避

与格挡不同的是,闪避是一种无须肢体接触的躲闪技巧,相比较而言,更省力、更安全,但对距离、时机以及身体重心平衡的把握也要求较高,是截拳道比较提倡的防御方式。

1. 后仰闪

【标准技术】 由警戒式开始,后足向后滑半步,重心后移,前足后滑半步的同时上体往后仰闪,双手保持防护(图340—342)。此技可对付各种非纵深性的高位拳打或足踢,防御直线的前手拳法最为见效。注意后仰闪的动作幅度不可过大,保持随时向前的意识和弹性,一旦对方收手,我方即向前发动攻击。

图 340

图 341

图 342

【实战应用】 双方以警戒式对峙,对手以前手直拳攻击我头面部,我方后仰闪避开其攻势,随后以前手直拳进行反击(图343—346)。

96　截拳道入门

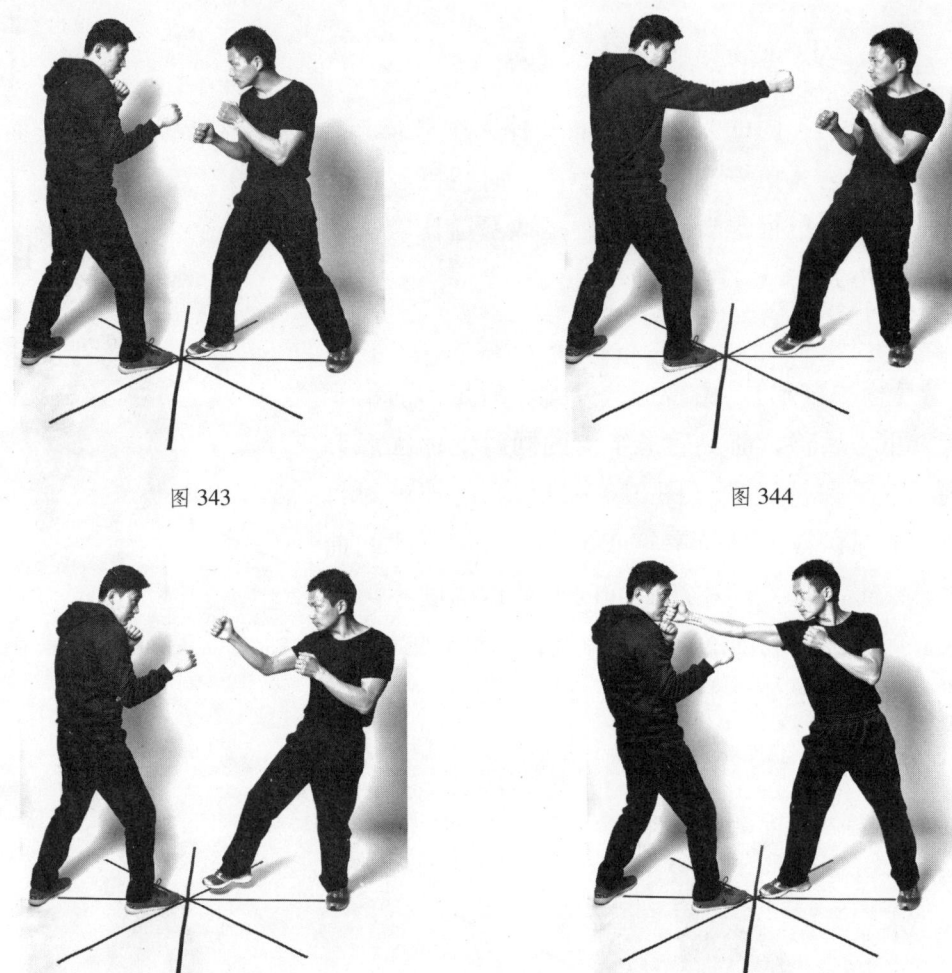

图 343　　　　　　　　　　　图 344

图 345　　　　　　　　　　　图 346

2. 侧闪

侧闪分为左侧闪和右侧闪，主要用来防御对方的高位直线攻击。闪避的同时侧移半步的技巧利于把握重心平衡。

左侧闪

【标准技术】　由警戒式开始，重心左移，左足向左侧横移半步，上体同时往左方侧闪，双手保持防护（图347—348）。

第七章 防御 97

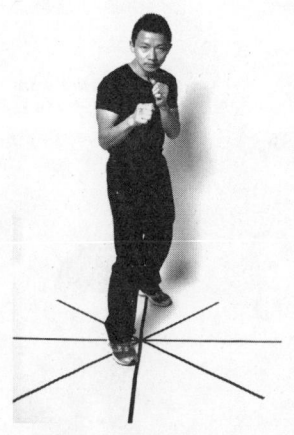

图 347

图 348

【实战应用】 双方以警戒式对峙，对手以前手直拳攻击我头面部，我方左侧闪躲避其攻击，同时以前手中位直拳攻击其腰腹部（图349—351）。

图 349

图 350

图 351

右侧闪

【标准技术】 由警戒式开始,重心右移,右足向右侧横移半步,上体同时往右方侧闪,双手保持防护(图352—353)。

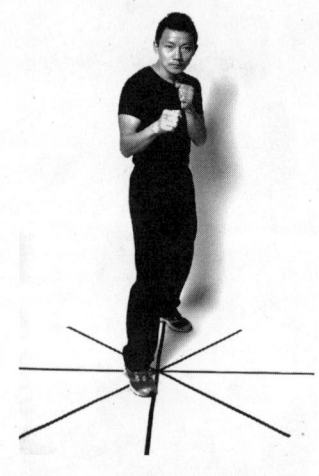

图352

图353

【实战应用】 双方以警戒式对峙,对方以后手直拳攻击我方头面部,我方右侧闪避其攻击,同时以后手中位直拳攻击其腰腹部(图354—356)。

图354

图 355　　　　　　　　　　　图 356

3. 转肩闪

【标准技术】　由警戒式开始，重心后移，后足后滑半步，前足后滑的同时以前足掌为轴辗转，前足跟踮起，上体和右肩逆时针向后偏转，前手置于腰间保持防护（图 357—358）。转肩闪是利用身体向后侧转的动作来拉开与对手间的距离，可对付高位拳法或踢击，也可防御下段的踢击。

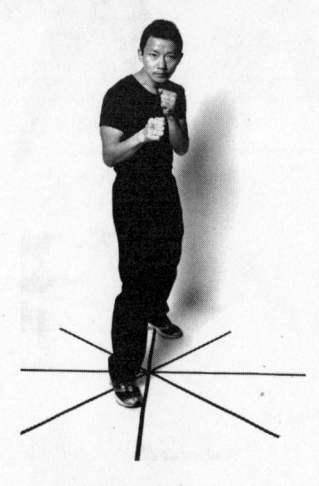 

图 357　　　　　　　　　　　图 358

【实战应用】　双方以警戒式对峙，对手以前手直拳攻击我头面部，我方转肩闪避其攻势，趁对手动作回收之际，以前手挂捶攻击其头面部（图 359—362）。

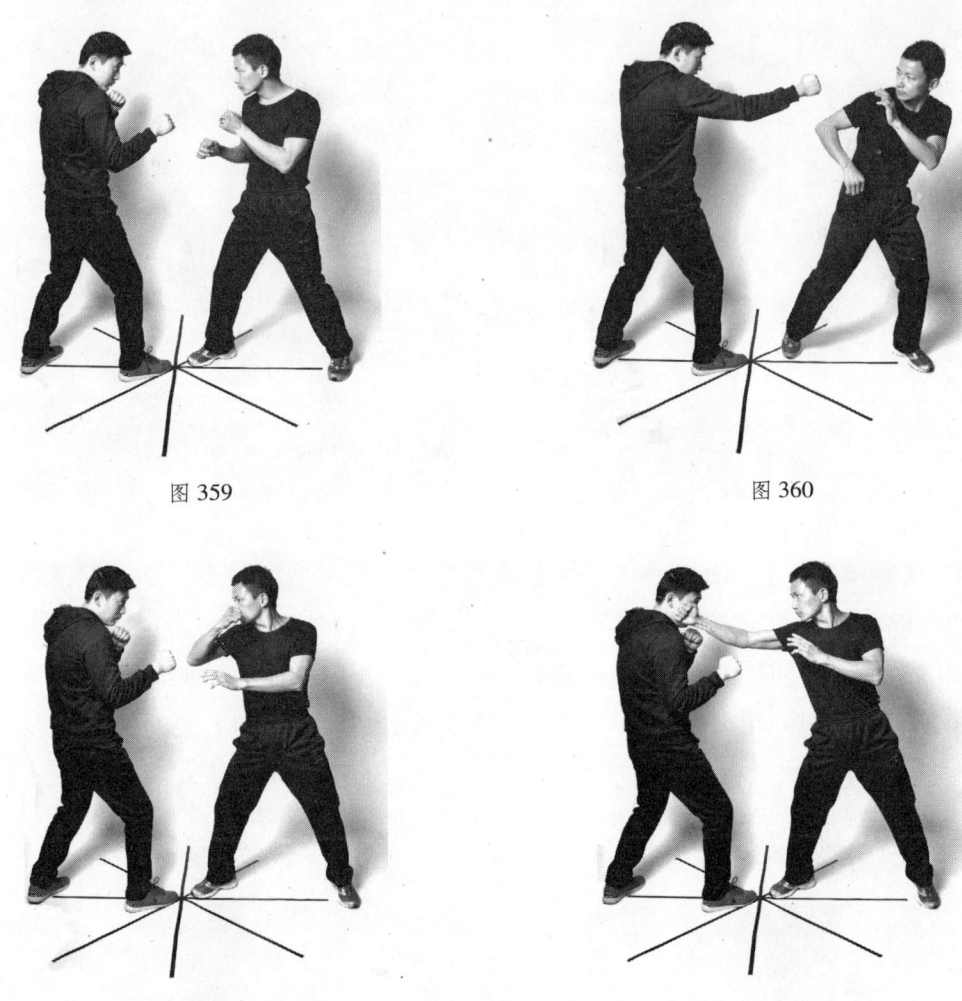

图 359　　　　　　　　　图 360

图 361　　　　　　　　　图 362

三、步法躲闪

除了前面介绍的两种防御技巧，截拳道还特别推崇运用步法去躲闪对手的攻击，以取得良好的距离、角度和节奏控制，同时保持四肢的自由，可随时随机发动截击、反击。下面介绍几种运用步法躲闪并发起反击的技巧：

第七章 防御

1. 轴转步的使用

【标准技术】 详见第四章"步法"之"轴转步"。

【实战应用】 双方以警戒式对峙,我方右侧轴转步变角度的同时以前手直拳向对方头面部发起攻击(图363—365)。

2. 钟摆步躲闪腿法

【标准技术】 详见第四章"步法"之"轴转步"。

图 363

图 364

图 365

【实战应用】 双方以警戒式对峙,我方以钟摆步躲闪对手的腿法,趁其收腿之际,以低位侧踢进行反击(图366—369)。

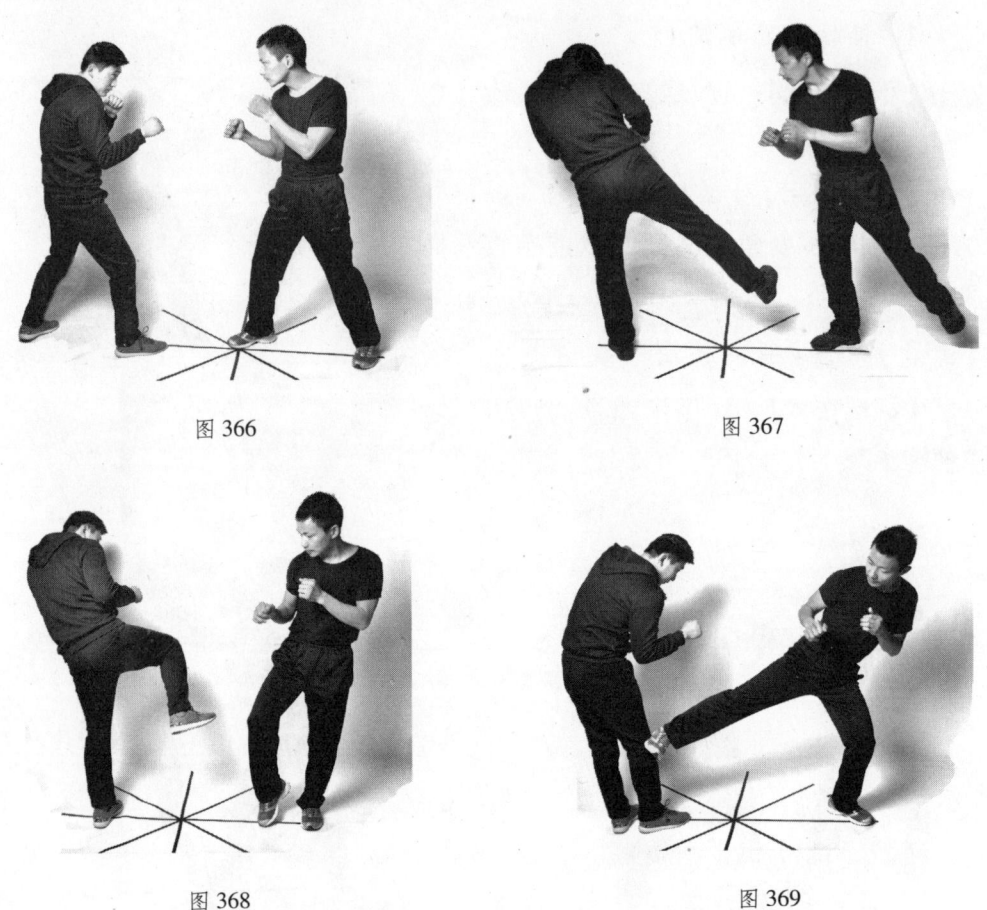

图 366　　　　　　　　图 367

图 368　　　　　　　　图 369

第二节　防御的辅助训练

要想提高防御能力,最好是与同伴对练。开始时,让同伴戴上拳套,讲明进攻技术,来练习单一的防御技巧(图370—373);之后,让同伴戴上拳套任意进攻,截拳道者用自己掌握的各类防御技巧进行躲闪;待熟练地掌握基本技术后,可在躲过同伴的进攻后施以反击动作或采取更加积极的攻势防御。没有同伴配合训练时,木人桩是练习格挡的最佳训练工具。

第七章 防御 103

图370

图371

图372

图373

第八章 攻　击

"一个未经过对抗训练的技击者，就好像一个从没有下过水的游泳者。"当年，针对传统武术界勤习套路、少有对抗的普遍现象，李小龙一针见血地指出了问题所在。

这句话提醒我们：学会了格斗技术与学会在实战中运用格斗技术是两个不同的概念。确实，一些习武多年的人常常会被街头混混痛殴。练打分离是造成套路练习者欠缺临敌实战能力的根本原因。

一个习武者也许一辈子都不需要用武力去解决纷争，但万一需要动用拳脚自卫的时候怎么办？

截拳道的方式就是到实战中去学习格斗，学习如何选择适当的距离和时机发动高效攻击。换句话说：如果我们要学会游泳，就必须跳到水中去。

下面提供一些攻击战例供参考：

一、简单攻击

所谓简单攻击是指运用单一的简单动作完成直接攻击，也叫简单角度攻击。

【实战应用】 1. 双方以警戒式对峙，我方抓住战机，直接上步，用一记前手直拳攻击对手头面部（图374—376）。

【实战应用】 2. 双方以警戒式对峙，我方抓住战机，前腿勾踢，直接踢击对手胸部（图377—378）。

【实战应用】 3. 双方以警戒式对峙，我方右侧轴转步变角度的同时，以前手直拳向对手头面部发起攻击（图379—380）。

图374

第八章 攻击

图 375

图 376

图 377

图 378

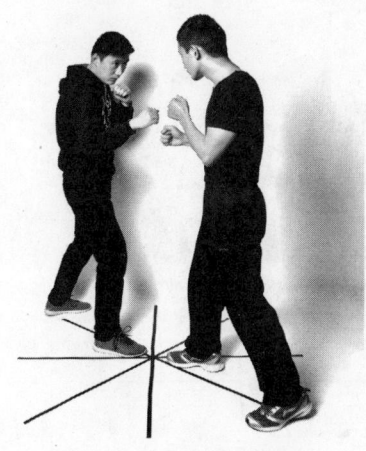

图 379

图 380

【实战应用】 4. 双方以警戒式对峙，我方右侧轴转步变角度的同时，以前腿前踢攻击对手裆部（图381—382）。

图381

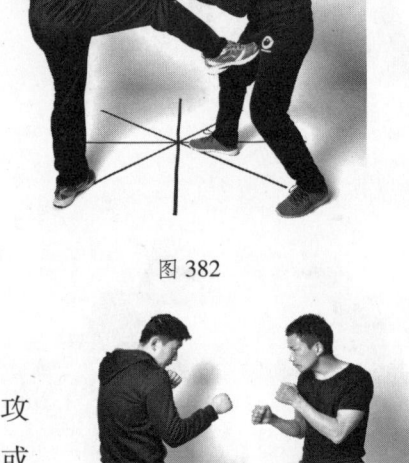

图382

二、组合攻击

组合攻击指由两个以上的动作完成攻击，可能是单一的拳法或者腿法组合，亦或是拳腿组合，或者是踢打摔拿的一气呵成。

A. 拳法组合攻击

【实战应用】 1. 双方以警戒式对峙，我方前手直拳打破对方防御间架后配以后手直拳攻击（图383—385）。

图383

图384

图385

【实战应用】 2. 双方以警戒式对峙，我方后手直拳攻击奏效后再继以前手水平勾拳攻击（图386—388）。

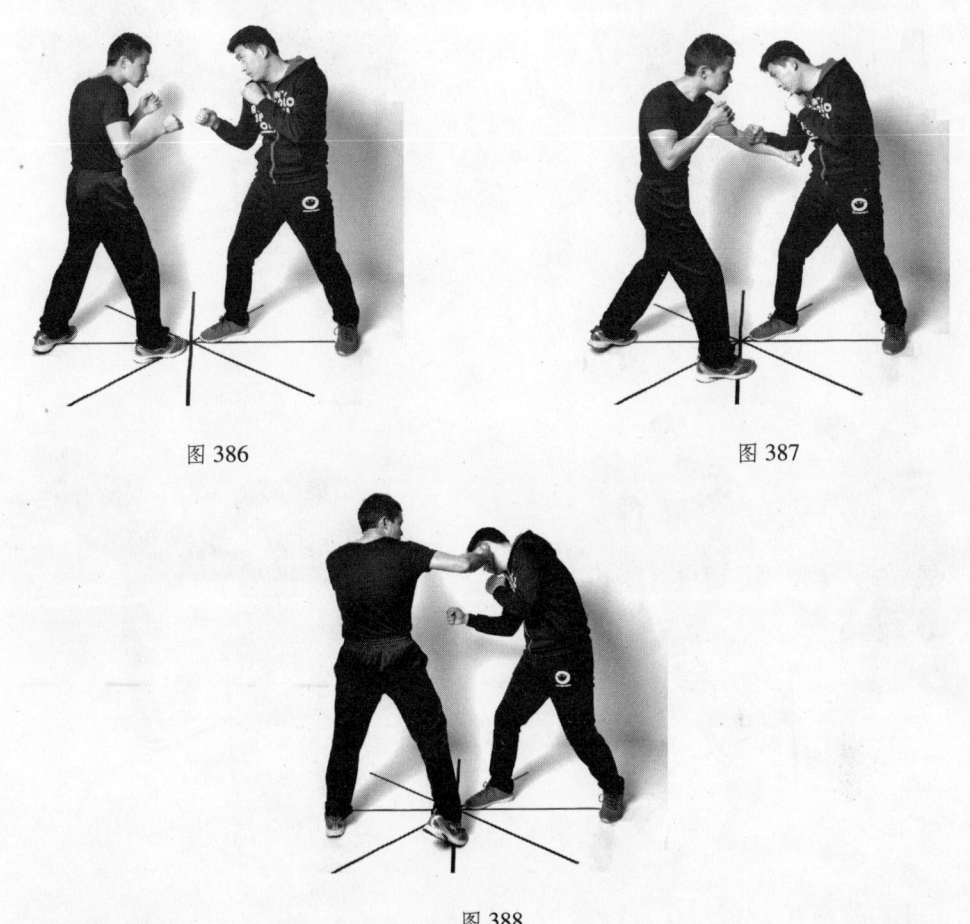

图386　　　　　　　　　　图387

图388

B. 腿法组合攻击

【实战应用】 1. 双方以警戒式对峙，我方前腿低位侧踢攻击对手膝关节，随后转身侧踢攻击其胸腹部（图389—392）。

图 389

图 390

图 391

图 392

【实战应用】 2. 双方以警戒式对峙，我方后腿斜脚踢攻击对手膝关节，接以前腿勾踢再攻其胸部（图 393—395）。

图 393

图 394

图 395

C. 拳腿组合攻击

【实战应用】 1. 双方以警戒式对峙，我方以前手直拳向对方发起攻击，随即以前腿低位勾踢猛踢其小腿，踢击腿落步的同时，配以后手直拳攻击其头面部（图 396—399）。

图 396

图 397

图 398

图 399

【实战应用】 2. 双方以警戒式对峙，我方以一记低位腿法打破对手防御姿势的同时，配以后手直拳攻其头面部，再以高位勾踢紧随攻击（图 400—403）。

图 400

图 401

图 402

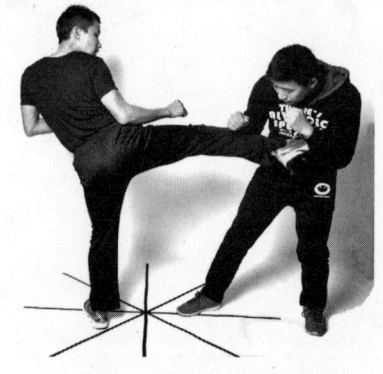

图 403

三、佯攻

佯攻是指运用假动作虚虚实实地攻击对方 A 点，吸引、调动对手，随后对其 B 点空当发起真实的攻击的一种打法。

A. 指上攻下

【实战应用】 1. 双方以警戒式对峙，我方首发前手标指佯攻对手头面部，在其注意力上移的瞬间，上步的同时以一记前手中位直拳狠击其胸腹处（图 404—406）。

图 404

图 405

图 406

【实战应用】 2. 双方以警戒式对峙，我方以前手直拳佯攻对手头面部，在其注意力上移的瞬间，以后手直拳予以重击（图 407—409）。

图 407

图 408

图 409

B. 指下攻上

【实战应用】 1. 双方以警戒式对峙，我方以前腿佯攻对手下盘，对手欲用手来格挡，我方快速落步，脚踏其中门的同时以前手标指直戳其眼睛（图410—412）。

图 410

图 411

图 412

【实战应用】 2. 双方以警戒式对峙，我方以低位勾踢佯攻奏效后，用后手直拳直接击打其头面部（图413—415）。

图413

图414

图415

四、截击

截击是在对手的攻击动作将发或已发的半途予以拦截的后发先至的有效反击方法，是以攻止攻的高效之法。

A. 手法截击

【实战应用】 1. 双方以警戒式对峙，我方抢在对方拳法发起攻击前的瞬间，以前手直拳攻击其头面部（图416—418）。

图416

图 417

图 418

【实战应用】 2. 双方以警戒式对峙，我方以前手标指抢在对方后手直拳击打半途将其截击（图419—421）。

图 419

图 420

图 421

B. 腿法截击

【实战应用】 1. 双方以警戒式对峙，我方以低位侧踢截击对方拳法攻击（图422—424）。

图422

图423

图424

【实战应用】 2. 双方以警戒式对峙，我方以中位侧踢截击对方腿法攻击（图425—426）。

图425

图426

五、封手攻击

封手攻击是指在近身实战中，运用经典的"拍手、擸手"等封手技巧先封制对手的手或足，然后再施以攻击的一种特殊技巧。在截拳道中，随机采用踩脚面、抓头发、攀脖颈等来限制对方头部或肢体的同时进行攻击的方法，均属封手攻击范畴。

A. 拍手封攻击

【实战应用】 1. 双方以警戒式对峙，我方以前手直拳诱攻，对手拍挡，随即后手拍手控制其手臂的同时，以前手直拳向其头面部击打（图427—430）。

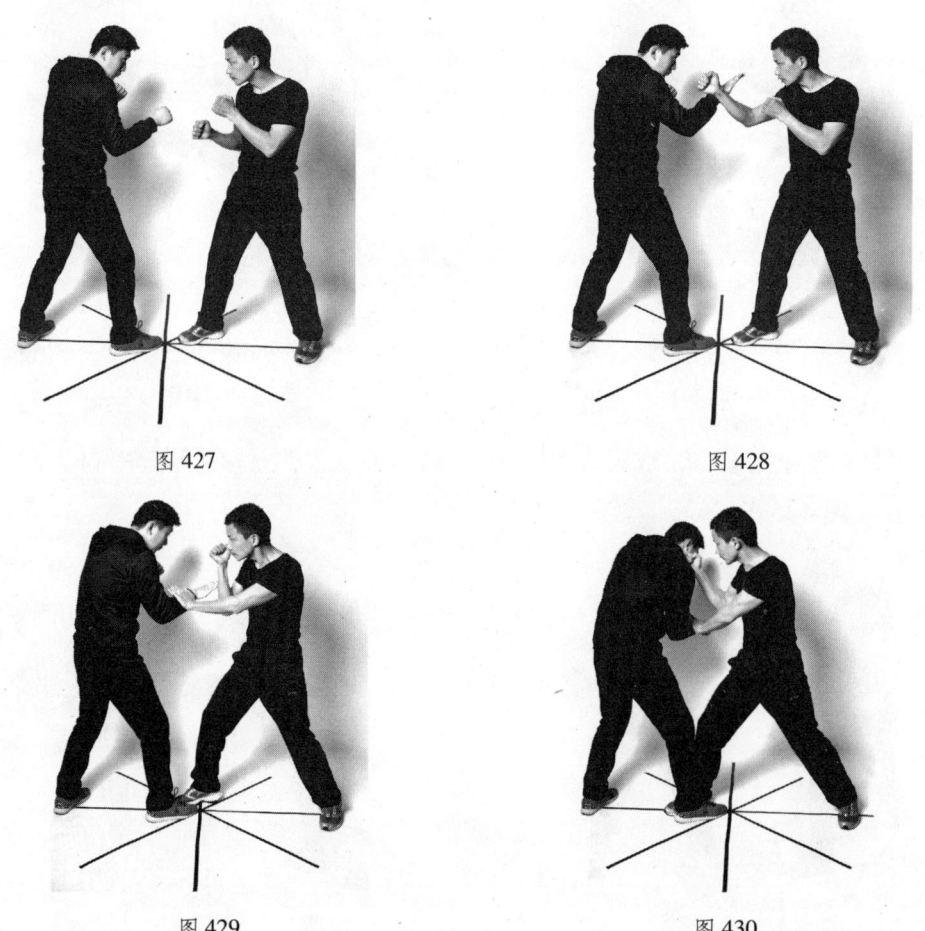

图 427　　　　　　　　　图 428

图 429　　　　　　　　　图 430

【实战应用】 2. 双方以警戒式对峙，我方以前手直拳诱攻，对手拍挡，后手拍手的同时前手变挂捶击打其头面部（图431—434）。

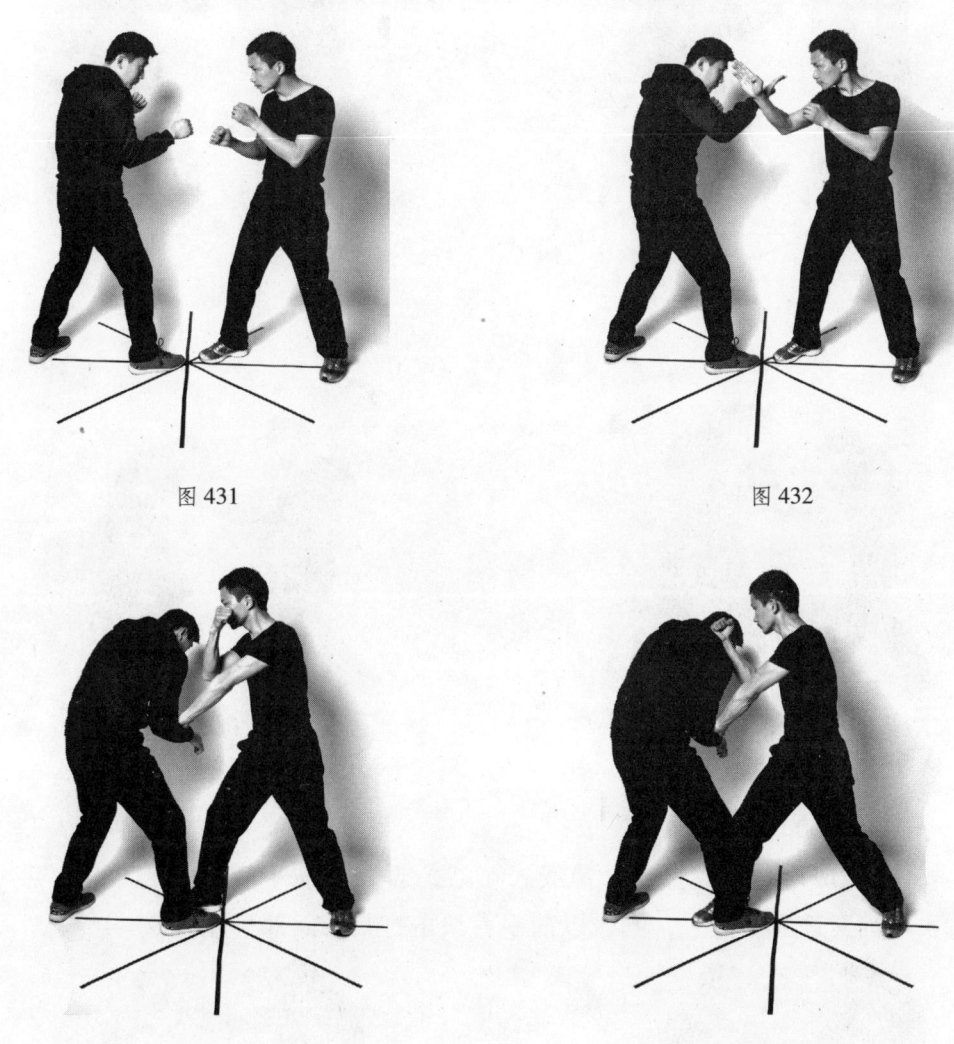

图431　　　　　　　　　　　图432

图433　　　　　　　　　　　图434

B. 擸手封攻击

【实战应用】 双方以警戒式对峙，我方以前手直拳诱攻，对方拍挡，前手变擸手刁抓其手臂，动作不停，后手直拳紧跟出击（图435—438）。

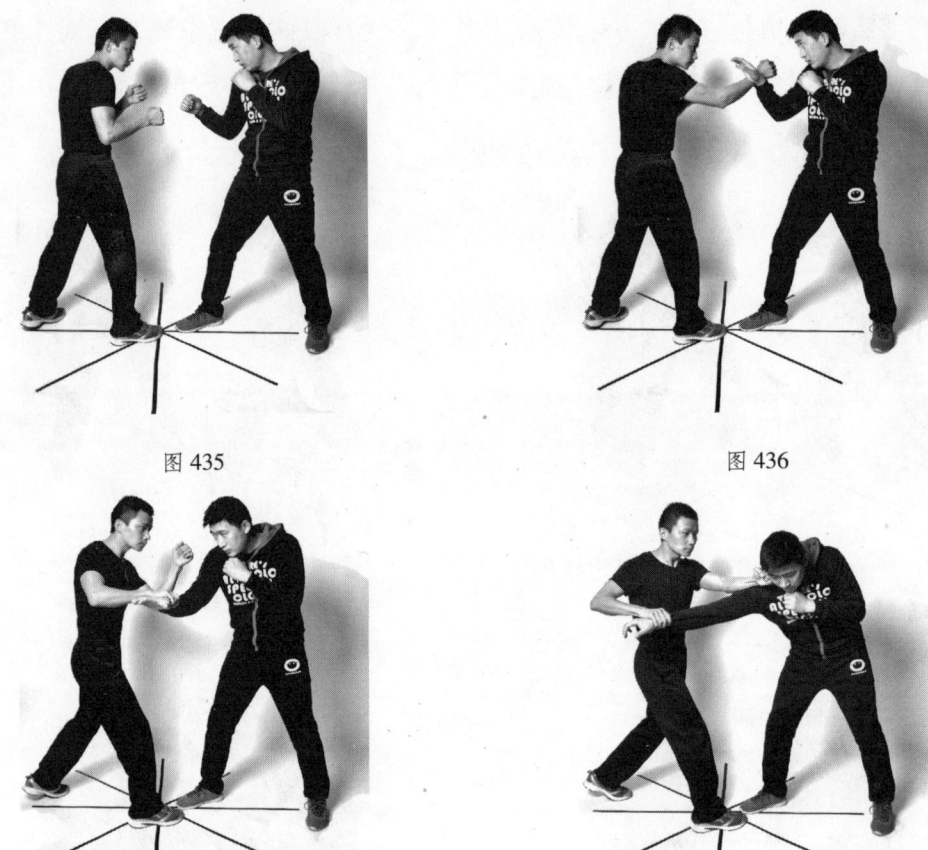

图 435　　　　　　　　图 436

图 437　　　　　　　　图 438

【实战应用】 2. 双方以警戒式对峙，对方以前手直拳发起攻击，我后手格挡奏效后变擸手，同时以前手直拳击打其头面部（图439—442）。

图 439

图 440

第八章 攻击 119

图 441　　　　　　　　　　　　　图 442

第九章　街头格斗

第一节　什么是街头格斗

很多人学习武术的目的，就是为了应付突发的意外事件，防身自卫，保护家人。

首先，我们先来了解一下什么是街头格斗？

街头格斗是指在没有规则限制的条件下进行的格斗，包括徒手格斗和持械格斗，对手可能是一人，也可能是多人。格斗有时会发生在公园、酒店、街道等公共场所，也可能会发生在乡间小道、偏僻无人的荒郊野外，甚至发生在火车上。我们无法预测格斗会在什么时候发生，因为格斗有时可以事先约定，有时是不可预测的遭遇战。如果你运气不好的话，甚至会遇到对方的偷袭。

街头格斗是现实的，也是极为残酷的。我们不能像师兄弟进行对抗训练那样去迎接一场真实的街头格斗，若真是那样，你会"死"得很惨！在现实生活中，我们要尽量避免与别人发生冲突，但许多时候往往事与愿违。李小龙先生说过："这个社会总有许多无理的人！"身为一个武者，了解一些街头格斗的特性，并紧贴街斗实际开展模拟情境实战训练，是很重要也很必要的。事实上，这也是截拳道者学以致用的关键所在。说到底，武术的功能除了强健体魄外，自卫防身更重要。

现在，我们来讲一讲怎样应对街头格斗：

首先，我们要学会怎样避免与别人发生纷争，"己所不欲，勿施于人"，即学会与人相处之道，尽量减少街头格斗发生的概率，防患于未然。生活中即使遇到冲突，也不要逞强斗气，争取以和平的方式解决。中国古代兵法的最高谋略"不战屈人之兵"，说的就是这样的道理。

其次，若万一不幸遭遇一场街头格斗，也别惊慌失措，在真实的格斗中，心理素质是重要的制胜因素。要知道，对手也是人，他也会痛、会流血、会受伤。"虽千万人，吾往矣！"我们只有在拥有坚强斗志的前提下，才能保持一个冷静的头脑，才能思考战胜对手的对策。当然，临敌斗志和冷静心态，需要通过大量的实战训练来培养。

在格斗开始前，我们还需要看看身边有什么可手的武器可以利用，仔细观察一下周边的地形和环境，查看有无退路以便逃脱敌人的围攻。格斗时，下手一定要狠，尽力打击敌人身体的要害部位；要抢在敌人前面出击，一旦得势绝不饶人，如狂风扫落叶般地一口气将敌人击倒；千万别学东郭先生那样心慈手软，最后被敌人击倒在地。当然，也不要恋战，三十六计走为上，能走就走，迅速脱离险境。

最后，再说几点在普通习武者的常见误区：

1. 不要迷信"空手夺白刃"。在面对持械对手时，要小心应付，尽快找一件武器与敌人抗衡；或者利用步法移动与敌人保持安全距离，再找机会进行攻击。不可盲目恋战，最好寻机逃脱险境，保证安全第一。

2. 遭到围攻时不要顾此失彼。在面对两人或更多人的围攻时，特别是地面格斗遇到围攻时，尽量别用"擒、锁"或"摔、拿"等技术。你控制住一个对手，对手的同伴会立即对你发起群攻，如失去回转空间，你就羊陷群狼，只能任人宰割了。

第二节　击打目标的选择

致力于街头格斗的截拳道是一门讲求实际的技击术，因此在打斗中会选择一些人体的薄弱部位、要害部位进行攻击，以此来达到"用最小的力在最短的时间内取得最大的战果"的目标。当然，身处法治社会，每一位截拳道者都必须充分了解攻击要害的后果，以及法律规定的正当防卫的边界所在，做到有理有节，合理合法。

一、首选目标

在街头格斗中，首选击打目标是眼睛、裆部和膝关节，无论对手多么强壮有力，一旦有效地击打他的这三个部位，就能在最短时间内彻底摧毁其战斗力，从而达到事半功倍的效果。当然，这三个目标在竞技武术中是绝对禁止击打的。

实战中，用标指戳击对手的眼睛（图443），轻者可破坏其视力，重者可将其直接刺瞎，所以，一定要学会控制攻击的力度和分寸。

而膝关节之于人体的作用，就像车轮之于汽车一样，再好再快的车没有车轮也无法行驶。在截拳道中，腿法中的低位侧踢就是用来攻击对手膝关节的最好技术（图444），准确有力的一记侧踢，可以让对手立即失去再攻击能力。

图443

至于裆部，受击的后果不言自明，无论对手多么彪悍，一旦裆部受到击打（图445），绝对无法再进行战斗。鉴于这种打法伤害性较大，为避免防卫过当，在实战中应谨慎使用。

图444

图445

二、其他要害部位

除了前面介绍的眼睛、裆部和膝关节之外，人体还有许多其他要害部位，同样经不起重击。

1. 咽喉（标指或插捶）；
2. 头面部侧面（水平勾拳或勾掌）；
3. 肋部（拳法）；
4. 胸口（铲拳）；

5. 腹部（侧踢或拳法）；
6. 踝关节（跺踢）。

第三节　街头格斗的一些战例

本章节所提供战例仅供参考，真正街头格斗需视实际战况而定，谨记！

一、破拿腕

1. 破正面拿腕

实战中，对手从正面拿住我方手腕时，我方快速转腕以消截对手拿腕的攻击势头，同时，起前脚前踢，狠击对手裆部（图446—449）。

图446

图447

图 448

图 449

解析：转腕消截需要我方具有很强的手腕力量和柔韧性，这种力量和柔韧性我们可以从日常的振藩功夫体系的"圈手"技术训练中习得。截拳道强调前置武器攻击对手最接近我方的目标，因为这样可以节省攻击时间和缩短攻击路线，从而在一定程度上保证自身的安全性。图449中的前脚前踢攻击正是此理。

2. 破侧面拿腕

在被对手从我方身体侧面拿住手腕的情况下，我方直接提膝，以一记低位侧踢狠击对手膝关节（图450—452）。

图 450

图 451

图 452

解析： 这是破解被对手从我方身体侧面拿住手腕的最为经典的技术。在截拳道中，低位侧踢是每一个修习者必须认真掌握的踢击技术。在实际打斗中，要求上体略向后侧倾，这样可以延长我方上体与对手的距离，使我方身体处于一个安全的位置上。

3. 破斜后方拿腕

打斗中，对手从我方身体的斜后方拿住我方的手腕，我方略转身体，在看清对手所处位置的瞬间，以一记低位侧踢向其膝关节要害处踢击（图453—456），从而挣脱对手的拿腕动作。

图453

图454

图455

图456

解析：事实上，在真实的打斗中，背向对手是一种很危险的行为，因为你看不清对手的动作。因此，当遭遇这种战情时，首先要在第一时间做出反应，并实施反击。

4. 破背后拿腕

在实战中，当我方手腕被对手从背后拿住时，我方可顺势借用腰部力量，用另一只手臂给其来个后击肘，重击其头面部要害（图457—459）。

图 457

图 458

图 459

解析：在截拳道中，肘法因其具有攻击速度快、力量大的特点，因此是近身封缠战中的首选技术之一。肘法在此战例中给予对手重创的首要条件是需要充分借助腰部的力量。

二、破"锁喉封领"

1. 破单手锁喉

实战中，面对用单手锁住我咽喉的对手，我方直接用一记简捷的转马配合摊手标指来戳击对手的眼睛（图460—461），即可破解。

第九章 街头格斗 127

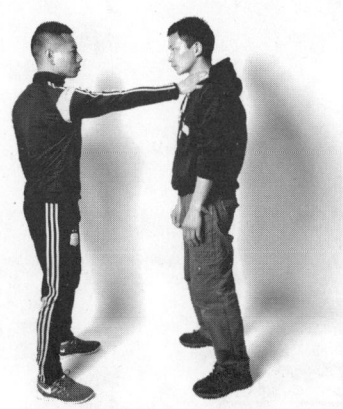

图460

图461

解析：标指是截拳道手法中速度最快的技术之一，实战中，用标指闪电般戳向对手的眼睛，可谓截拳道者击败对手的万能钥匙——眼睛一旦被击中，对手基本上就丧失战斗力了。

2. 破单手封领

实战中，对手用单手封住我领口并准备实施后续攻击，我方快速反应，用双手擒住对手手臂、腕关节，同时起膝，以一记拦门腿狠击其膝关节（图462—466）。

图462

图463

图464

图 465

图 466

解析：对手封住我领口后若成功实施攻击，其攻击力是很可怕的。这组战例成功的关键在于我方的快速反应，一定要抢在对手攻击之前做出反击动作。

3. 破双手锁喉

在现实中，当我们碰到对手用双手来锁喉的情况时，我方可一手封住对手双手臂，同时，另一手以标指戳击对手眼睛来破解困境（图467—470）。

图 467

图 468

图469

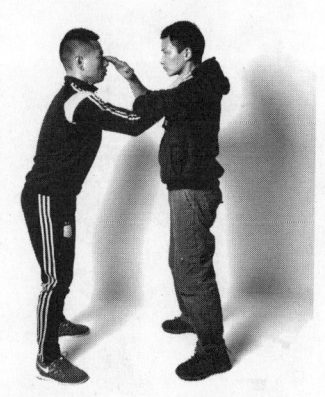

图470

解析：本战例中，先控制住对手手臂，使其攻击动作失效是关键，另一手的标指需同时实施攻击。

4. 破双手封领

对手用双手封住我方领口，我方用双内摊手从对手的手臂内挤进去，同时将其手臂向两侧外拨，紧接着以一记强有力的前踢向对手裆部踢击，使其彻底丧失战斗力（图471—474）。

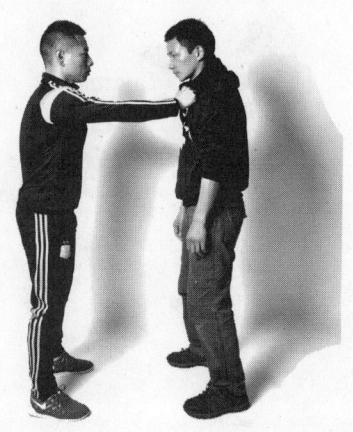

图471

图472

图473　　　　　　　　　　　　　图474

解析：摊手来自咏春功夫的第一套拳术"小念头"，是一种很有效的防御技巧。注意前踢击裆需与外拨对手手臂的技术同步完成，如此可产生更大的冲击力。

三、破"猫式进攻"

猫式进攻，即低头猫腰式进攻，有点类似于跤术中的扑式技法或抱腿摔法，是街头格斗中较为常见的一种进攻方式。

1. 转腕标指法破猫式进攻

遭遇低头猫腰进攻时，我方以右前势应敌，趁对手进攻之际，以后手推按对手肩部以阻其攻势，随即前手转腕标指狠戳其眼睛（图475—477）。

图475

图 476

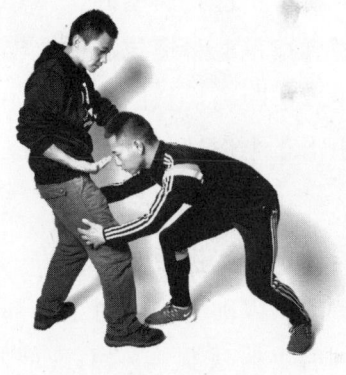

图 477

解析：注意图 476，我方为什么要用后手推按对手肩部？这是因为后手阻敌可为前手转腕标指攻击缩短打击距离，从而节约时间。

2. 低位侧踢破猫式进攻

实战中，我方以一记低位侧踢将进攻者的攻势截击于半途。事实上，这种针对对手膝关节要害部位踢击的力量是非常强大的，可谓一击必杀（图 478—480）。

图 478

图 479

图 480

解析：这是典型的"截拳道以长制短"技法原理的有效应用战例。如果说标指是截拳道技法中攻击距离最长的手法，那么，侧踢就是截拳道技法中攻击距离最长的腿法。此例的要诀在于能否把握最佳战机将对手之攻势阻击于半途。

3. 肘击破猫式进攻

面对猫式进攻者，我方迅速侧身对敌并保持最佳应敌距离，在对手进攻瞬间，以前手控制对手肩部以阻止其攻击，随后以一记充分运用腰胯力量的后手肘法狠击对手头部侧面要害处（图481—484），彻底摧毁其战斗力。

图 481

图 482

图 483

图 484

解析：因对手攻势较猛，所以用置前的手来进行阻击。而用后手肘法来进行反击的好处是可以充分借用腰胯的力量，使打击更具摧毁力。

四、破"来自背后的袭击"

1. 转身侧踢破来自背后的袭击

袭击者跟在我方背后，而我方已意识到有人跟随却假装没有发现。在袭击者要向我方实施攻击之前，我方用一记转身侧踢进攻袭击者胸腹部，打得他连连后退（图485—489）。

图485

图486

图487

图488

图489

解析：如果我方转过身来面对袭击者，就会使对手占有准备发出攻击的优势。而采取谨慎态度且假装未发觉对手，则会增添自己的优势。

2. 转身鞭捶破来自背后的袭击

对手跟在我方背后，欲施偷袭，我方早已发现有人跟随却假装没有看见，在对手欲向我方实施击打的瞬间，我方把握恰当时机，以一记有力的转身鞭捶击中对手头面部，动作不停，随后以一记凶狠的低位侧踢猛踢其膝关节（图490—494）。

图 490

图 491

图 492

图 493

图 494

解析：在街头格斗中，来自背后的袭击都是较为危险的，因为你看不见对手的击打动作。我们需要具备高度的洞察力与反应力才能应对背后的袭击，这些能力通过大量的训练才能够获得。

五、破"来自身体侧面的袭击"

1. 低位侧踢破来自身体侧面的袭击

我方沿街行走，对手突然从我方身体侧面冲来，我方抢先反应，一记低位侧踢直接踢击对手膝关节，踢击奏效后，挂捶顺势向其头面部进行击打（图495—500）。

图 495

图 496

图 497

图 498

图499　　　　　　　　　图500

解析：对手突然冲过来的力比较猛，低位侧踢可有效消截这股冲劲，随后击打的挂捶需借助低位侧踢收腿落步瞬间的力同步进行，可增强挂捶的击打力量。

2. 拳法破来自身体侧面的袭击

我方沿街行走，对手从我方身体侧面冲来欲袭击我方，我方快速反应，在保持好身架结构的基础上，以一记前手直拳向对手脸部击打，动作不停，后手直拳紧随击打（图501—505）。

图501

图502　　　　　　　　　图503

图 504　　　　　　　　图 505

解析：这组战例中，首发的前手直拳很重要，一旦击中可打破对手的攻势，挫其锐气，后续的后手直拳是重击。

六、破"迎面突袭"

1. 前踢击裆破迎面突袭

我方自然行走，对手突然迎面冲来欲袭击我，我方保持冷静，自然提膝，以一记前踢直踢对手裆部，动作不停，后手直拳顺势再次击打（图506—509）。

图 506　　　　　　　　图 507

图508　　　　　　　　　　　图509

解析：迎面突袭的击打动作都很凶猛，必须在第一时间阻止对手的攻势，否则，后果会很严重。在这组战例中，我方首发的前踢动作正是此理。

2. 标指戳眼破迎面袭击

我方自然行走，突遇迎面突袭，我方快速反应，前手标指直接戳击对手的眼睛，趁其慌乱的瞬间，再补一记凶猛的前踢攻击对手裆部，直接摧毁其战斗力（图510—513）。

图510　　　　　　　　　　　图511

图 512

图 513

解析：再强壮的对手，一旦眼睛被戳中，其势必然慌乱，这也是截拳道把眼睛作为首选攻击目标的原因。

3. 侧踢破迎面袭击

我方正常行走，对手突然迎面冲来，欲以拳攻击，我方在保持好间架结构的基础上，以一记中位侧踢直接踢击对手胸腹部（图514—517）。

图 514

图 515

图 516

图 517

解析：因为腿比手长，所以我方侧踢可以将对手的拳法截击在半途，这也是一例"长兵近取"技击原理的经典运用。

七、破"背后搂抱"

1. 肘击破背后搂抱

对手从我方背后将我搂抱，我方快速反应，以一记向后的肘击直接击打对手身体肋部，趁对手疼痛后退的同时，再补上一记低位后踢（图518—522）。

图 518

图 519

图 520

图 521　　　　　　　　　图 522

解析：肋部是人体较脆弱的部位，耐受不了重击，尤其是在这组战例中，贴身肘击的力量相当强劲，可谓一击必杀。

2. 掌击裆部破背后搂抱

对手从我方背后将我搂抱，我方头向后撞击以吸引对手注意力，同时手掌（掌心向后）直接拍击其裆部（图523—525），以解脱对手的搂抱。

图 523

图 524　　　　　　　　　图 525

解析：这是一组虚实结合的自卫防身战例，头部撞击的动作需真实，只有在对手的注意力转移后，后续的掌击裆部才能成功实施。

八、破"匕首袭击"

1. 低位侧踢破匕首袭击

对手持匕首朝我方胸腹部刺来，我方在保持安全距离的前提下，以一记前腿低位侧踢朝对手置前的膝关节狠踢过去，趁对手慌乱时，我方以最快的速度撤离（图526—528）。

图526

图527

图528

解析：对方持械攻击肯定比徒手格斗的威力大很多，在这种情况下，我方一击奏效后，要快速撤离，切不可恋战。

2. 勾踢击裆破匕首袭击

对手持匕首朝我方头面部刺来，我方侧移步闪躲的同时，前腿中位勾踢直击其裆部（图529—531）。

图529

图 530　　　　　　　　　　图 531

解析：面对凶猛的持械攻击，我方首先要避其锋芒，而随后的反击力度一定要猛烈，不给对手再次攻击的机会。

3. 拳法破匕首袭击

对手持匕首朝我方头面部刺来，我方以前手标指防御技术使对手攻击偏离击打轨迹，动作不停，前手变擸手控制住对手手臂的同时，后手直拳向对手面部进行击打（图 532—535）。谨记：此种反击方法实施难度较高，非千锤百炼不可轻易尝试。

图 532　　　　　　　　　　图 533

图 534　　　　　　　　　图 535

解析：标指防御技术可使对手向前直刺的力偏离原来的击打轨迹，从而使自己的身体处在一个安全的位置，后手直拳的攻击需与前手的防御技术同步进行，这也是截拳道经典拳理"攻防合一"的完美演绎。

九、破"多人围攻"

1. 破两人的正面围攻

我方自然行走，突遇两人从正面围攻，我方抢先攻击，以前手标指戳向就近对手的眼睛，趁其慌乱之际，再以一记快速的低位前踢踢向另一对手的裆部，攻击奏效后迅速撤离（图536—539）。

图 536　　　　　　　　　图 537

图 538

图 539

解析：标指戳击需准确、凶狠，力争一击必中，否则，当我方反击一个对手时，另一对手会从我方身体的另一侧进行攻击。

2. 破两人的前后夹击

我方自然行走，两人一前一后将我方围住，欲对我攻击。我方快速反应，以一记前踢抢先攻击正面对手的裆部，并在稳住身架的同时，快速转身，用后腿侧踢猛踢另一对手的胸腹部，趁对手慌乱之时，快速撤离现场（图540—544）。

图 540

图 541

图 542

图 543

图 544

解析：遇到这种前后夹击的情形，需在第一时间解决掉自己视线范围内的对手，否则，一旦两个对手前后同进向我进攻，后果将不堪设想。

3. 破三人围攻

在遇到三人或三人以上的对手围攻时，我方需在第一时间快速击倒距离

第九章 街头格斗 147

最近的对手,打破一个缺口后快速撤离现场,切勿恋战(图545—548)。

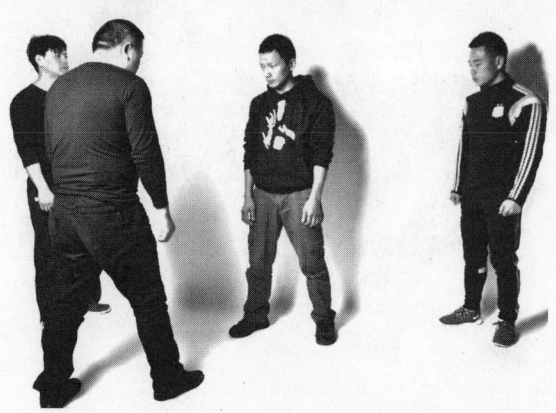

图 545

图 546

图 547

图 548

解析：在街头格斗中，遇到多人围攻是最危险的，因为你的视线无法顾及所有对手的动作，所以需要抢先解决掉距离最近的对手，因为这也是最危险的对手。

第十章 力量训练法

李小龙经过多年亲身体验，发现有效的力量训练可使截拳道练习者的拳脚攻击力更具破坏力。

要知道，在激烈的实战对抗中，拳脚攻击力的强弱是影响对抗结果的重要因素之一。可惜的是，至今还有一些截拳道练习者尚未认识到力量训练的重要性。事实上，力量是其他诸如速度、耐力、灵敏、协调等综合素质的最基础素质。

从现在起，若想真正感受截拳道无穷的魅力，请将力量训练纳入日常训练课程认真对待。

限于篇幅，这里仅介绍几种最基本的力量训练法。

一、准备工作

首先，需要准备以下训练器材：①可调节哑铃，②可调节杠铃，③单头哑铃，④卷腕器，⑤卧推凳，⑥一套宽松舒适的训练服。

二、训练方法

1. 手臂肌力训练

强劲有力的前臂可使出拳如铁锤击物般有力，用单头哑铃进行转腕练习（图549—551）和前后挑腕练习（图552—555），可有效增强前臂的力量。另外，用卷腕器（图556—557）及拳面俯卧撑（图558—559）也是不错的训练方法。

  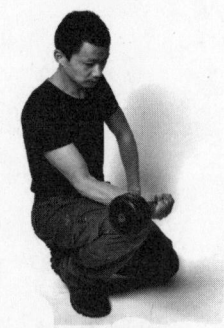

图 549　　　　　图 550　　　　　图 551

图 552　　　　　　　　　图 553

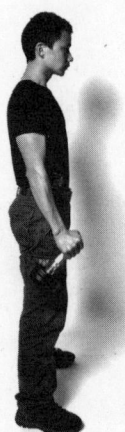 

图 554　　　　　　　　　图 555

图 556

图 557

图 558

图 559

2. 胸部肌力训练

胸部肌肉发达不仅可以增强出拳力量，还能体现男子汉的威武气势。进行胸部肌力训练的方法有很多种，其中最有效的方法是仰卧哑铃扩胸练习（图560—561）及卧推杠铃练习（图562—563）。普通的俯卧撑也可锻炼到胸部肌力，但不及头低脚高的俯卧撑（图564—565）见效快。

图 560

图 561

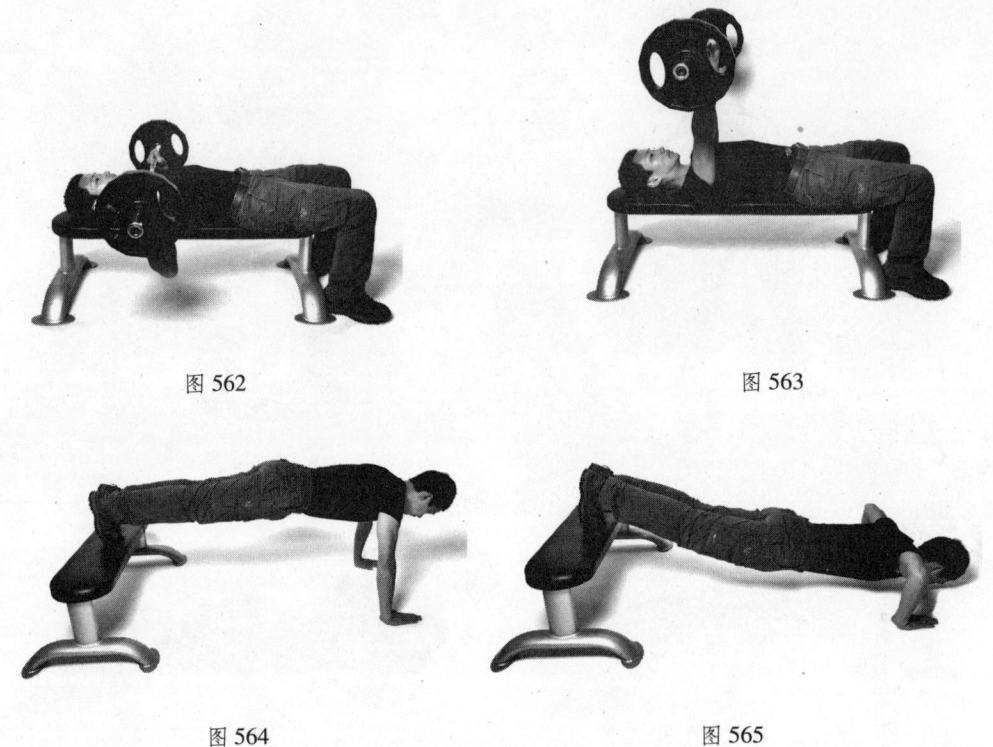

图 562　　　　　　　　　　图 563

图 564　　　　　　　　　　图 565

3. 上臂肌力训练

有心的截拳道练习者会发现李小龙的上臂很粗壮，因为强劲的出拳，特别是近身的上击拳需要强壮有力的上臂。哑铃屈臂练习（图566—568）和杠铃屈臂（图569—571）练习可以收到满意的效果。

图 566　　　　　图 567　　　　　图 568

图 569　　　　　图 570　　　　　图 571

4. 三角肌力训练

图 572—573 为哑铃侧平举练习；图 574—575 为持轻重量杠铃水平前举练习及杠铃上提练习（图 576—577），这几种训练方法都能强化三角肌。

图 572　　　　　　　　　　图 573

图 574　　　　　　　　　图 575

图 576　　　　　　　　　图 577

5. 腰腹肌力训练

看过《猛龙过江》电影的朋友，相信对李小龙的那句"腰马合一"都记忆深刻。拳谚有道："上下九节劲，节节腰中发。"在截拳道中，腰腹部是全身运动的枢纽，可加强出拳、踢腿等动作的爆发力，并关乎平衡能力。杠铃负重转腰练习（图578—580）和杠铃负重左右体侧屈练习（图581—583）可提高腰腹部的肌肉力量。当然，最方便易捷的练习莫过于仰卧起坐练习了（图584—585）。

第十章 力量训练法

图 578

图 579

图 580

图 581

图 582

图 583

图 584　　　　　　　　　　　图 585

6. 背部肌力训练

负重硬拉练习（图 586—587）和躬身哑铃侧平举（图 588—589）练习是锻炼背部肌力最常见的训练方法，其他如引体向上、宽距俯卧撑练习等也是不错的训练方法。

图 586　　　　　　　　　　　图 587

图 588　　　　　　　　　　　图 589

7. 腿部肌力练习

腿部肌肉发达，可增强打斗时的快速移动能力与踢击的爆发力。腿部肌力训练分为大腿与小腿两部分。

负重深蹲练习（图590—591）是锻炼大腿肌力的必练技术，而负重提踵（图592—593）与跳绳练习则是锻炼小腿肌力的最好训练方法。

图590

图591

图592

图593

三、基本训练要旨

1. 以上动作练习，建议每周练习三次，即隔天练习，以保证肌肉能够恢复到最佳状态。

2. 每个上肢动作最佳练习次数为 8—12 次，腿部最佳练习次数为 12—20 次，每次 3—5 组。所负重量以自己能够按照标准动作刚好完成规定次数的程度为宜。

3. 训练前一定要先热身，训练完毕后请做些相应的身体放松练习。

4. 注意训练后的休息和营养摄入。

5. 训练间歇可穿插进行击拳、踢腿及击打沙袋的练习。

6. 最后需要谨记的是：人体应首先具备良好的速度、柔韧度和耐力素质，然后才需要绝对力量。如果没有上述素质作基础，片面追求肌肉发达，与人较量就"犹如斗牛场上被斗牛士戏弄的一只蛮牛"。

后 记

截拳本无，道从何来？

小龙宗师有言："对截拳道最好的比喻就像一根指向月亮的手指，千万不要误将手指当成月亮，更不可专注于手指而忽视其他美景。手指的作用，只是指引光明。至于你能获得多少，或者能看多远，便全靠自悟与努力。"

截拳道，无非就是小龙宗师为后来者提供的一个以武入道的修行方便法门和最佳指南罢了。

截拳道的修行，更多的是通过肢体的磨砺，学会克服我们自己的贪婪、嗔怒与愚昧，最终走向自我解放求真的大道，达到内心宁静与和谐的境界。

一切均如禅语："渡河需用筏，到岸不用船。"所有实践者皆可把截拳道当作抵达彼岸的筏与船，一旦到岸，即可抛弃截拳道，忘却一切所学之技巧。

如上所言，阅读本书的朋友只可以本书为参考，而不可拘泥于一招一式。尽信书不如无书，书本只能提供一个学习的途径，最终能悟出多少，全凭练习者自身的努力与勤奋。只有自己亲身体验、印证所得，才是最宝贵的。

最后，我要衷心感谢所有教过我拳术的老师，特别是朱建华、郝钢、麦克·鲁特尔（SiFu Mike Rutter）三位师父，正是他们的引导，我才得以迈入截拳道之门。

本书所有图片均由陈敬东拍摄，吴斌协助；牟锡鲲、周衡、刘志明、黄征、苗健等参与技术演示；"宁国百变大咔自拍馆"提供场地与摄影器材；配套视频由何亮、何庆、王俊参与演示，陈敬东拍摄，湛涛制作，在此一并致谢。

舒拥军

2016 年 3 月